Giovanni Croce

Storie metà fisiche
(Brevi atti inutili)

giovanni.croce@gmail.com
©2011 by Giovanni Croce
ISBN   978-1-4477-4080-3

dedicato a Antaud

PREFAZIONE

Alcuni anni fa ero al telefono con il mio amico di sempre Antoine Auden e discutevamo del fatto che mi sentivo fallito come scrittore e come poeta. Spesso spezzavamo il discorso, quando si faceva troppo serio, parlando della lingua italiana a mo' di battute e ricerche lessicali. In quel periodo stavo leggendo *Tragedie in due battute* di Achille Campanile e frequentemente operavamo insieme citazioni dal libro. Antoine Auden iniziò a citare interi brani a memoria al punto che ridevamo al telefono ed io avevo le lacrime agli occhi, calmando in parte la mia costante disperazione nei riguardi della vita in genere. Solo Antoine Auden possiede questa qualità: farmi cambiare brevemente universo. Dopo alcuni minuti di intenso pianto (fatto di risa), riprese il discorso precedente e disse che avrei fatto bene a scrivere qualcosa di più serio ma non troppo: «Qualcosa che abbia carattere filosofico ma anche comico» ed io gli risposi «Lo sai che scrivo già delle storie metafisiche e che è diventata un'intensa attività per me e che porta via molto tempo»«E tu scrivine di meno, diciamo la metà. Appunto metà-fisiche»«E l'altra metà?» Ecco, questa è la parafrasi della mia vita: non so quale sia l'altra metà e anche se continuo a ridere, oggi le mie risa continuano ad essere amare. Forse appartengono alla metà opposta.

Questo libro è diviso in due parti: la prima offre delle pièces teatrali minime, scarne, al punto da avere anche una sola battuta; sono un po' come dei microdrammi da micro teatro; la seconda offre invece le stesse storie in forma estesa, sempre per il teatro (verso il quale mi inchino). Sono storie che nascondono nella loro banalità la tragicità del vivere ma è un vivere nascosto, intimo, quasi segreto, come la mia mente. A tal uopo ricordo le parole del Poeta: "Giudico la fantasia come la maggiore proprietà del mio corpo".

G.C.

INTRODUZIONE

GIOVANNI CROCE *che si masturba al buio*
IL LIBRO DI ACHILLE CAMPANILE *sul comodino, in silenzio*

Dopo aver riflettuto un numero imprecisato di anni, GIOVANNI CROCE decide di scrivere alcune storie che siano metà fisiche e metà qualcos'altro il cui elemento saliente deve essere la brevità. Per far ciò, raccoglie con cura alcuni appunti ed elaborazioni di atti unici e li riscrive totalmente a causa della rilettura delle tragedie contenute nel LIBRO DI ACHILLE CAMPANILE, che rimane in silenzio accanto a lui sul comodino. Arriva così alla conclusione che esiste un senso tragico solo se si crea il concetto di tragedia, altrimenti la realtà non possiede nessuna doppia faccia.

GIOVANNI CROCE (*godendo*)   Ogni mio atto sia breve!

Sipario

9

PARTE PRIMA
Tragedie minime

MADRE[1]

ALBERTO *nervoso cerca nervosamente il telefonino della madre nei mobili in camera*
CLARO *in silenzio giocherella con dei trenini*

Dopo la recente morte della madre, ALBERTO *e* CLARO *si ritrovano ad abitare soli in casa.* ALBERTO, *dal temperamento piuttosto irruento ed autoritario, aguzzino del più piccolo fratello* CLARO, *è pieno di debiti e non riesce a sanarli per cui cerca qualunque cosa possa fargli guadagnare denaro. In particolare cerca il cellulare della madre per rivenderlo ma non lo trova e chiede a* CLARO *se l'ha visto da qualche parte e si dispera ancor più quando pensa che l'ultima volta che aveva visto il cellulare l'aveva in mano il fratello.* CLARO, *figlio con numerosi problemi di adattamento e forse un poco autistico, non risponde mai facendo inquietare ancor più il fratello che pensa glielo abbia nascosto chissà dove. Ad un certo punto suona il telefono di* ALBERTO *il quale vede sul display il numero del telefono della madre e si stupisce. A quel punto* CLARO *esclama solenne:*

CLARO   Chiedi a mamma se sa dov'è.

NOTABILE[2]

GIANLEONE NOTABILE
IL DOTTOR MABUSE, *alterato*
LA SIGNORINA NIRA

In un caffè del centro, GIANLEONE NOTABILE siede a fianco della SIGNORINA NIRA e del DOTTOR MABUSE. La SIGNORINA NIRA, alleata segreta del DOTTOR MABUSE, il quale usa le sue arti inotiche nel tentativo di conquistare il mondo, ha accusato GIANLEONE NOTABILE di estrarre dalla sua borsa in cuoio nero ogni sorta di prove su chiunque, lei compresa, attestanti qualcosa di anomalo nella vita. In particolare GIANLEONE NOTABILE mostrò una fotografia di quando ella faceva film porno ed era ritratta nuda in atteggiamenti equivoci. Il DOTTOR MABUSE spera di ottenere un'alleanza con GIANLEONE NOTABILE per la sua scalata del potere compromettendo politici e industriali ricattandoli attraverso le prove che si troverebbero in fieri nella borsa di questo. Tuttavia GIANLEONE NOTABILE è un puro di cuore e rifiuta ogni offerta.

LA SIGNORINA NIRA   Come ha fatto a tirar fuori quelle foto porno?

IL DOTTOR MABUSE *(urla)*   Ci dica, finalmente, la verità!

GIANLEONE NOTABILE   Si chieda invece come abbia fatto la signorina Nira a comparire nelle mie fotografie.

Sipario

14

PIETRA[3]

SAURO, *per terra dolorante*
ARNO PIETRA, *la guardia*
'TIL TUESDAY, *l'insetto*

Avendo visto che la polizia ha picchiato selvaggiamente il giovane SAURO nei cessi della stazione Ostiense, la guardia giurata ARNO PIETRA va a soccorrerlo. Da uno dei bagni esce anche 'TIL TUESDAY, col quale SAURO aveva avuto un amplesso e che si era chiuso all'interno per evitare noie. SAURO, per terra coperto di sangue, schifa se stesso e la sua vita e a nulla valgono le cure e le raccomandazioni di ARNO PIETRA. In quel momento passa 'TIL TUESDAY che lo fissa a lungo.

ARNO PIETRA Cos'hai da guardare tanto?

SAURO Lascialo stare...

'TIL TUESDAY Guardo come un uomo che si è fottuto un insetto giace come un insetto guardato da un insetto che si è sentito uomo.

Sipario

15

VOMITO[4]

Zi' GAETANA *coperta di vomito non parla ma gesticola*
MALTA
FURIO, ROBU *in silenzio*

MALTA, *di ritorno dal mercato, incontra* ZI' GAETANA *la quale afferma di aver visto* FURIO *con la sua nuova conquista,* ROBU. *Visto che* MALTA *viveva con* FURIO *e ne era innamorato, si ingelosisce e complotta con* ZI' GAETANA *di entrare a casa di soppiatto e riprendersi tutte le sue foto poiché possiede ancora le chiavi. I due, entrati in casa di* FURIO, *non sospettano di trovarlo a letto con* ROBU. *Questi, uscito nudo dalla stanza da letto con vicino* ROBU *(anch'egli nudo), credendo siano entrati i ladri in casa colpisce* ZI' GAETANA *con un pugno allo stomaco facendolo vomitare violentemente.* ZI' GAETANA *stramazza a terra e* MALTA *va a soccorrerlo arrabbiandosi con* FURIO *il quale osserva attonito.*

MALTA   Che hai fatto? Non ha più l'anima adesso!

Sipario

16

POSTE[5]

DUMI
IURI

DUMI si spaccia per un postino durante una session di chat e conosce IURI al quale piacciono gli uomini in divisa. A casa di IURI, DUMI arriva fingendo di portare delle lettere, vestito da postino. I due finiscono a letto e dormono insieme ma al mattino IURI si accorge che gli prude moltissimo il pube, al che chiede a DUMI se non abbia le piattole.

IURI   Mi hai lasciato ben più di un pacco, caro mio!

DUMI   Se vuoi riporto via tutto.

Sipario

MORTA[6]

BUBU, ALIAS LAURA
PETILIA, LA TRANS COLTA
ERIKA, LA STRONZA
vari CLIENTI *attorno in silenzio*

PETILIA *conobbe* ERIKA *la sera in cui era stata a mangiare al ristorante con i pesci morti nell'acquario a Trastevere. Ella, dopo essersi sentita male, soccorsa da* BUBU, *riuscì comunque a raggiungere il suo marciapiede, vicino a Testaccio, per iniziare a lavorare. La scena si svolge nel silenzio invernale di via del Campo Boario (interrotto solo da qualche auto di passaggio), alle due di notte, mentre alcuni clienti si sono avvicinati per vedere* ERIKA *che scaccia dal suo marciapiede* PETILIA *intimandole di andarsene poiché le è stata assegnata la zona ma questa, come sempre fa quando è arrabbiata sul serio, la colpisce con la sua borsetta declamando versi danteschi con molta violenza, quasi esasperata non tanto dalla sua condizione quanto dalla serata orribile che sta passando.* BUBU, *ascoltando questi versi, si intenerisce il cuore.*

ERIKA *(rivolta a Bubu)*   E tu che fai? Dammi una mano, cretina!
Sànguino!

PETILIA   *"Poca favilla gran fiamma seconda..."*

BUBU *(lagrimando)*   Io piango non sangue.

Sipario

CHIAPPE[7]

MELA
ROVIGO
IL GINECOLOGO

MELA *si è accorta di essere incinta di* ROVIGO *e si reca dal* GINECOLOGO *che la visita e le dice che avrà due gemelli. Avendo notato che le sue natiche si erano ingrossate enormemente,* MELA *chiede al ginecologo il perché e quello, dopo un attento esame ecografico, giunge alla conclusione che i suoi due gemelli non si trovano nella sua pancia ma all'interno di queste.* MELA *e* ROVIGO *sono stupiti.*

MELA   Come è possibile tutto ciò?

ROVIGO   Perché, soprattutto, a noi?

IL GINECOLOGO   Chiedetevi piuttosto come nasceranno.

Sipario

19

PIEDI[8]

SILIDE
STE

SILIDE, gran frequentatore di Palombini, un parco dell'Eur dove in genere si rimorchia di notte senza tante smancerie, conosce STE il quale gli dice di non aver mai avuto un rapporto omosessuale e che avrebbe timori ad averne uno. SILIDE così convince STE a provare delle cose che col sesso – secondo lui – poco hanno a che fare. In tal modo farà sentire la sua coscienza sicura. STE accetta e la prima cosa che SILIDE gli chiede è quella di leccargli i piedi. STE esegue con grande soddisfazione.

SILIDE   Ti piace leccarmi i piedi?

STE   Vorrei avere una lingua biforcuta come il diavolo.

SILIDE   Ovviamente passeremo ad altro.

Sipario

PELLE[9]

MAESTRO
GILDO *in silenzio*
FORTE *in silenzio*

*In un locale abbastanza centrale in cui si fa sesso hard leather, GILDO incontra
FORTE che lo convince ad avere un rapporto a tre con il suo amico, MAESTRO.
GILDO, non avendo mai avuto esperienza di rapporti sessuali estremi, anche se
titubante, accetta di recarsi a casa di MAESTRO. Tuttavia quest'ultimo inizia a
torturarlo in maniera eccessiva al punto da farlo svenire per il dolore. FORTE,
preoccupato, chiede cosa fare a MAESTRO e quello, per tutta risposta, lo lega e
inizia a torturare anche lui, svelando così la sua componente schizofrenica. La
scena si svolge nell'istante in cui anche FORTE sta svenendo e pensa di stare per
morire, letteralmente sotto i ferri di MAESTRO.*

MAESTRO *(sottovoce)*   Il corpo non esiste.

Sipario

21

CONGEGNO[10]

EUGENIO GRANDE
ANTOINE AUDEN

La strana scatola cubica trovata da EUGENIO GRANDE *in un mercatino ha la facoltà di spostare in un tempo diverso chi la possiede con una caratteristica: il tempo non scorre per chi la possiede ma scorre per tutto il resto. In tal modo* EUGENIO GRANDE *non invecchia ma tutti coloro che ha intorno invece vanno avanti nella vecchiaia. Sconvolto da questa possibilità, dopo qualche tempo chiama il suo amico* ANTOINE AUDEN *e gli confida il terribile segreto.* ANTOINE AUDEN, *nel tentativo di salvarlo da quella pazzia, getta nel Tevere la scatola di legno ma* EUGENIO GRANDE, *nell'impeto della propria follia, tenta di gettarsi anch'egli nel fiume per recuperarla. La scena si svolge proprio sulla riva sinistra del fiume, appena ripulita dal Comune.*

ANTOINE AUDEN (*tenendo l'altro a sé*)   Non capisci che il tempo è un'illusione?

EUGENIO GRANDE   E tu perché invecchi allora?

Sipario

22

GAMBONE[11]

GIUDECCO, *detto* GAMBONE
AMERINDA *in silenzio si allontana*
LUANA *in silenzio si allontana*

GIUDECCO, *detto* GAMBONE, *killer professionista della mala romana, scopre sua moglie* AMERINDA *a letto con un'altra donna,* LUANA. *Sconvolto da ciò, tenta di ucciderle entrambe ma* AMERINDA *lo colpisce di sopresa con una mazza, avendo organizzato apposta il tutto. Le due, dopo averlo ripetutamente colpito, si accertano della sua morte e lo chiudono in un sacco. Lo abbandonano poi in un fosso. Tuttavia* GAMBONE, *in fin di vita, non è ancora morto all'instaputa di quelle.*

GAMBONE *(chiuso nel sacco)* È così buio qui... Sono finalmente ritornato nell'utero di mia madre?

Sipario

SUDORE[12]

LA PUTA
VALFA
LUC *in silenzio*

LUC, *avvicinato da* MIRKO, *si innamora perdutamente di questi dopo aver fatto l'amore con lui. In sauna ne parla con* VALFA *e* LA PUTA *ma essi, dalla descrizione che ne fa, riconoscono che è un investigatore privato.* LUC, *nascondendo ai suoi genitori la propria omosessualità, crede che i genitori lo abbiano assoldato per verificare la questione e tramuta il suo amore in odio perfetto.* LA PUTA *quindi, d'accordo con* VALFA, *vorrebbe organizzare una bella punizione.*

VALFA   Quanto vorrei denunciarlo.

LA PUTA   Non servirebbe a nulla neppure violentarlo.

Sipario

CONDILOMI[13]

BRETT *in silenzio*
PIKACHU

PIKACHU *si accorge di aver preso i condilomi anali e va alla ricerca di chi potrebbe averglieli trasmessi. Dopo aver chiamato alcuni ragazzi coi quali è stato, si ricorda che uno di questi, un certo* BRETT, *aveva delle formazioni particolari sul glande e lo cerca invano. Il tempo passa e i condilomi si ingrossano. Una sera, in un sex-club di periferia, riconosce* BRETT *e va da lui per dirgliene quattro ma mentre si avvia sente che i condolimi gli premono l'ano e la cosa gli piace assai. In quell'istante decide di tenerseli ma va comunque incontro a* BRETT.

PIKACHU (*sottovoce a* BRETT)   Forse sono meglio questi che il
tuo cazzo.

Sipario

MESTRUO[14]

DUMMO
UNO SCONOSCIUTO *in silenzio*

DUMMO, dopo aver litigato con la madre che sa della sua omosessualità e continua a spaventarlo raccontando cose immonde, decide di andarsene da casa e di provare ad avere il suo primo rapporto sessuale. A Valle Giulia, incontra UNO SCONOSCIUTO il quale, dopo esserselo fatto, gli fa notare che l'ombra delle foglie degli alberi, provocata dalla luna piena sul suo corpo glabro e giovane, sembra una grande chiazza di sangue che cola sulle sue cosce.

DUMMO *(terrorizzato)*   Oddio, quest'ombra è il mio sangue!

Sipario

CAZZI[15]

STUPE
HANNU *in silenzio*

STUPE, *grande amico di* HANNU, *gli confessa che è sempre alla ricerca di un uomo ideale ma che non riesce mai a trovarne uno che lo soddisfi poiché nota sempre qualcosa che non va.* HANNU, *ormai stufo di queste continue confidenze a senso unico, al limite tra lamentela e compassione, gli consiglia che forse farebbe bene a cercare uomini col il cazzo storto per cercare di raddrizzarlo: in tal modo potrebbe sentirsi appagato anima e corpo. Non immaginando che stesse scherzando,* STUPE – *quasi folgorato* – *ringrazia* HANNU *di cuore e giura che si darà da fare per cercare il suo vero uomo e soprattutto che possieda il cazzo più storto possibile.*

STUPE   Potessi alla fine raddrizzare il mio pensiero.

Sipario

27

CAPELLI[16]

DIRA
FERRO

DIRA si innamora di FERRO il quale, per sbancare il lunario, si veste da donna per fare spettacoli in locali gay. La donna si eccita solo se FERRO fa all'amore con lei vestito da donna e cade in crisi se lo vede solamente maschio, al che FERRO, una volta nudo, conserva la parrucca nera e il trucco sul viso.

FERRO   Se tutto ciò che è naturale fosse finto sarei Dio.

DIRA   Se tu fossi Dio renderei tutto vero.

Sipario

AMORE[17]

GORE
MARR

MARR, una marchetta, deve fingere di essere il fidanzato di GORE. Tutto ciò procede per il meglio: GORE è soddisfatto di MARR, il quale lo accompagna a fare spese, gli prepara la cena, fa sesso con lui. Tuttavia un giorno MARR si innamora di GORE e scoppia a piangere quando GORE gli dice che l'accordo non era quello.

MARR   Per una volta avrei voluto essere anziché avere.

Sipario

INSETTI[18]

'TIL TUESDAY, L'INSETTO *in silenzio*
VULTO *in silenzio*
ROBU

VULTO, mentre pisciava nell'oscurità del parco, vede ROBU che pomicia con 'TIL TUESDAY, L'INSETTO. I numerosi occhi di 'TIL TUESDAY si incontrano con i due di VULTO ed essi capiscono di piacersi. VULTO indica di scaricare ROBU e 'TIL TUESDAY lo fa, allontanandolo.

ROBU   Comunque avevi più setole di un porco...

Sipario

LAGRIMA[19]

GINNASIO
UNA DONNA CON UN BAMBINO SENZA VITA *che piange*
GENTE *in silenzio*

GINNASIO, *uomo colto e ben vestito, ogni giorno esce di casa curando alla perfezione il suo aspetto: giacca, profumo e bastone: uomo di altri tempi. Integerrimo e onesto sul lavoro, conduce una vita morigerata e distinta; vive da solo e non ha molti amici, neppure sul lavoro. Una mattina, proprio sotto casa sua, al centro, molta* GENTE *forma un crocicchio che gli impedisce il passaggio e, per non attraversare il marciapiede, decide di andare a vedere. Una* DONNA CON UN BAMBINO SENZA VITA *a terra piange il figlioletto morto per freddo o per altre cause, visto che è inverno ed ella appare vestita di stracci. Egli sente scorrere una lagrima, forse non naturale. Con la mano si asciuga l'occhio e si pulisce sui pantaloni, stando attento a non farsi vedere poiché ha dimenticato il fazzoletto di seta a casa.*

GINNASIO   Il mio viso su una lagrima.

Sipario

31

BESTIE[20]

UCLA
LUCIANA

UCLA, ospite di LUCIANA, si stupisce di sentirlo in prolungati silenzi, lui che parla tanto. LUCIANA allora, stimolato da UCLA, gli riferisce che in casa vede strani animali muoversi e bestie mai viste che appaiono e scompaiono velocemente. Non fa uso di droghe e non è pazzo, lo si sappia. UCLA, dal canto suo, crede invece che non stia bene ed esita ad andar via ma mentre esce nota un movimento dietro una tenda, come un passaggio di un qualcosa di vivo, ma pensa sia un topo. LUCIANA invece rimane a fissare l'esterno guardando tra le fessure delle persiane chiuse.

LUCIANA   Guarda: hanno incatenato il mondo.

Sipario

VELENO[21]

CARTONA
ASTANTI *in silenzio*

CARTONA *vive in una piccola roulotte parcheggiata nel viale in discesa a Palombini, all'EUR. D'inverno offre il caffè agli* ASTANTI *ed alcuni li rimorchia per un'ora di sesso. Avendo in precedenza conosciuto* GIANNIZZU *ed essendosi innamorato di lui, gli offre la possibilità di stare nella roulotte assieme.* GIANNIZZU, *diciottenne proveniente dalla Sicilia, accetta per meglio fare marchette. Tra* CARTONA *e* GIANNIZZU *però si instaura da subito un rapporto come fra moglie e marito e la cosa non va giù al giovane il quale, una sera, se ne va dopo una violenta litigata.* CARTONA, *sconfortato dalla delusione e roso dall'ira, avvelena con la purga il caffè e lo offre agli* ASTANTI *di passaggio.*

CARTONA   Chi vuole zucchero per l'amaro calice?

Sipario

ATTIVA[22]

MATA HARI
STE *in silenzio*

Per la sua tesi in sociologia, DIANA *espone le sue interviste a* LOFFA *e ne risulta che le trans siano perlopiù attive nel fare sesso.* LOFFA, *incredula di questo, convince il suo fidanzato* STE *ad andare con una di esse, una certa* MATA HARI, *che gira a Ostiense. Le due ragazze gli pagheranno la prestazione ma devono sincerarsi della cosa.* STE, *ovviamente, si rifiuta ma poi cede sotto le preghiere della fidanzata. Avendo avvicinato* MATA HARI, *la carica in auto e ci si apparta insieme. Scopre invece che è lui quello a desiderare di essere penetrato e lo fa capire alla trans.*

MATA HARI (*penetrando* STE)   **Tutto è relativo.**

Sipario

SPECCHI[23]

GONARIO

GONARIO, *nella sua insanità, ha coperto ogni specchio della sua casa (non si sa quindi perché non abbia rotto o gettato ogni specchio e abbia preferito coprire con un telo). Egli è uno schizofrenico che parla con se stesso di se stesso al punto da sfidare se stesso diventando un altro. Per far ciò prende un coltello e si evira, fasciandosi i fianchi con un asciugamano. Sentendosi male per il sangue perso (probabilmente morirà dissanguato), sente bussare insistentemente alla porta e, in un ultimo impeto di lucidità, riesce ad aprire, trovandosi faccia a faccia con un altro sé che in realtà è suo fratello gemello.*

GONARIO *(morente)*   Io non sono nessun altro.

Sipario

SOGNI[24]

MUSHARRA
MARIA

MUSHARRA si sveglia stravolto e dice a MARIA che ha fatto uno strano sogno: Allah gli ha parlato e gli ha detto di prepararsi per la fine del mondo. Mentre stanno discutendo arrivano a casa alcuni suoi amici ed altri telefonano, tutti musulmani, che affermano la stessa cosa. Ad un certo punto comprendiamo che anche MARIA ha fatto un sogno e, parlandone al telefono con una sua amica, scopre che tutti i cristiani hanno sognato Cristo che ha detto di prepararsi per la fine del mondo.

MUSHARRA (*rivolto a MARIA*)   Allah ci ha parlato!

MARIA (*rivolta a MUSHARRA*)   Io non l'ho sentito.

Sipario

PARADISO[25]

PAT *dolorante ma non parla*
LUDWWIG

PAT, *di ritorno a Roma dopo un periodo di grande turbamento religioso, uscito dall'Hotel Sheraton, sbaglia strada e finisce in un parco dove viene aggredito da due balordi ma viene difeso da un certo* LUDWWIG *che mette in fuga gli assalitori. Quando* PAT *lo ringrazia questi gli risponde che vorrebbe da lui un rapporto orale ma* PAT *si rifiuta e* LUDWWIG *lo picchia selvaggiamente. Una volta rientrato in albergo,* PAT *ha delle visioni notturne e vede San Giovanni Battista col volto di* LUDWWIG. *Sconvolto e preso dalla febbre del sogno, esce di nuovo alla ricerca di questo* LUDWWIG *ma chiunque incontri ha il suo volto e fa sesso con ciascuno di loro. Alla fine incontra il vero* LUDWWIG *che, riconosciuto, lo malmena di nuovo.*

LUDWWIG   La santità si compra con il corpo...

Sipario

37

STANZA[26]

MARR *in silenzio*
LUCIANA
UN PUPAZZO *in silenzio*

MARR *conosce* LUCIANA *al locale Garbo, giù a Trastevere e lo invita a casa sua.
La sua stanza è piena di pupazzi e* LUCIANA *gli dice che a volte i pupazzi si
muovono per cause a noi imprecisate. Mentre i due fanno l'amore,* MARR *vede il
pupazzo di Hamtaro che si muove e cammina. Spaventato si allontana dall'altro
e cade in una crisi isterica.* LUCIANA *lo abbraccia e lo tranquillizza, dicendogli
che non deve preoccuparsi.* MARR *si trova in un periodo di grande crisi
esistenziale e, ascoltando* LUCIANA, *si rilassa fra le sue braccia e si addormenta.
Mentre* MARR *dorme* LUCIANA *si veste e se ne va portando via il pupazzo.*

LUCIANA *(al PUPAZZO)*   Ora sei mio.

Sipario

ALBERI[27]

ROSSA
il cadavere di un UOMO
il cadavere della SEGRETARIA

ROSSA uccide per errore, con un fermacarte, un UOMO *che lavorava in una ignota associazione per la salvaguardia dell'ambiente poiché questi l'aveva chiamata per una prestazione sessuale nel suo ufficio la sera, successivamente rifiutandosi di pagare. Scoperta dalla* SEGRETARIA *viene a sapere che quell'*UOMO *in realtà era un benefattore poiché provvedeva al programma di riforestazione ambientale di grandi aree del mondo. Presa dallo sconforto e impaurita dalla possibilità che la* SEGRETARIA *la possa denunciare, prende lo stesso fermacarte e la uccide. Poi fugge, non prima di essersi appropriata di quanto dovuto dall'*UOMO *e in preda ad una grossa crisi isterica.*

ROSSA   Io non uccido alberi.

Sipario

39

COLPA[28]

BUCI
CIMBALINO

BUCI parla con CIMBALINO del loro amore scomparso. Seduti su un sofà verde alla luce tenue di una lampada (in chiaro stile film anni Sessanta) CIMBALINO afferma che è preda di sensi di colpa per non essersi accorto non tanto che l'amore non c'era tra loro quanto del fatto che, sapendolo in precedenza, ha illuso BUCI. C'è da dire che BUCI, dopo un bel periodo di silenzio, ha voluto comunque incontrare di nuovo CIMBALINO per vedere se era possibile qualche tentativo di ripresa ma invano. Ora si accorge dell'idiozia del suo gesto.

BUCI   La colpa è mia.

CIMBALINO   Hai ragione; non mi dici altro?

BUCI *(ripensandoci)*   La colpa è tua.

Sipario

STRONZE[29]

LUCIANA
WANDA *in silenzio*
GINA *in silenzio*
MARCELLA *in silenzio*

LUCIANA è nel gruppo con WANDA, GINA e MARCELLA. Questi tre, malsopportando i successi dell'altro e portandosi dietro rancori insani e isteriche invidie, decidono di evitarlo e organizzano un piano per ignorarlo completamente, sperando che sia egli a lasciarli. LUCIANA, avendo scoperto in precedenza di possedere dei poteri particolari, vorrebbe insegnare anche agli altri il modo di usarli. Questi invece, in maniera alquanto infantile e priva di qualsiasi capacità logica, ignorano ogni sua parola e fingono che non esista. LUCIANA così decide che non faranno mai più parte della sua amicizia e che lo sviluppo dei poteri sarà solo appannaggio suo.

LUCIANA   Non illudetevi che tutto sia illusione!

Sipario

41

MENZOGNA[30]

MARSENNE
PADRE GUIDO
RAPPA BERNARDA
ALESSIO
BERTA
GIUDICE ARMAND
GENTE

PADRE GUIDO è stupito perché di domenica nessuno è intervenuto alla messa e ne discute con il suo domestico MARSENNE, il quale – poverino – è un poco tocco ma possiede il ben raro dono della saggezza popolare. Il tutto mentre il parroco si fa aiutare nella vestizione e contemporaneamente parla al telefono con un altro prete di una diocesi vicina che gli dice che anche da lui e i tutte le chiese del paese nessuno è andato ad assistere alla messa domenicale. I due parlano mente RAPPA BERNARDA, ALESSIO e BERTA, il GIUDICE ARMAND e tanta altra GENTE passeggiano per la strada andando ognuno per gli affari propri.

PADRE GUIDO   Siamo proprio su un altro pianeta!

Sipario

PARTE SECONDA
Testi estesi

"Madre"

Personaggi:

Alberto
Claro

Luogo: camera di Claro, il quale gioca con il Monopoli da solo; Alberto rovista nei mobili della camera.

ALBERTO: Ma dove hai messo quel cellulare? Non riesco a trovarlo!
CLARO: Vuoi giocare a Monopoli con me?
ALBERTO: Basta! Finiscila di giocare e aiutami! Ho bisogno di soldi, capito? Non c'è niente in casa da vendere eccetto il suo cellulare. La vecchia non aveva un centesimo, la casa è in affitto... ah! potessi vendere te non sarei sicuro mi dessero nemmeno un centesimo.
CLARO: Ho sete.
ALBERTO: Neppure dentro questi cassetti, guarda qua: certo è che sei ordinato forte, guarda le mutande come sono ripiegate bene.
CLARO (alzandosi improvvisamente e urlando): Lasciale stare! Sono mie!
ALBERTO: Ecco qua le tue mutande, chi te le tocca? Dannazione, che diavolo gli porto in pegno a quelli? Non sono nemmeno riuscito a sfilarle la fede dal dito, mi guardavano tutti quei coglioni di parenti! E che si guardavano? Quanto sono sfigato? Li odio, li ho sempre odiati!
CLARO (sistemando le mutande perfettamente nel cassetto): Ho sete.
ALBERTO: A proposito, il libretto di risparmio! Non aveva un libretto di risparmio? Ma certo! Tutti i vecchi ce l'hanno da qualche parte (esce e va in un'altra camera mentre Claro chiude il cassetto e torna a giocare per terra al Monopoli).
ALBERTO (rientra): Macché! È pure vuoto. Ha prelevato tutto una settimana fa e dove saranno i soldi? Li terrà da qualche parte in casa ne sono sicuro ma ho rovistato dappertutto! Fammi vedere sotto il tuo materasso.
CLARO (urlando): Lascia stare il mio letto! Rimettilo a posto!
ALBERTO: Vabbè, chi se ne frega. Sono esausto. Io vado al bar qui sotto, hai capito?
CLARO: Ho sete.
ALBERTO: Ma porca puttana! Ma non capisci ancora un cazzo? Dopo tutti questi anni di scuola per minorati non sei ancora capace di muoverti per andare a bere? E dire che non ti ricordavo messo così male. Ma quanti anni avrai oggi, diciotto? Venti? Ho fatto proprio bene ad andarmene via

anni fa. Mi sarei dovuto sobbarcare lei con la sua malattia e te insieme. Pensa che palle!

CLARO: Giochi con me a Monopoli?

ALBERTO: Non ce la faccio più. Avrebbe fatto bene la vecchia a spedirti da qualche altra parte, in qualche istituto... (suona il telefono di Alberto)

ALBERTO (guardando il numero): Ma chi è? Oh Cristo! Questo è il numero...

CLARO (esclama ad alta voce) : Mi sono ricordato dove ho messo il cellulare di mamma!

ALBERTO: Pronto... non è possibile... mamma? Oddio, mi sento male, Claro! Aiutami!

Sipario

"Notabile"

Personaggi:

Gianleone Notabile
il dottor Mabuse
la signorina Nira
il procuratore
l'avvocato
gente

Luogo: sala d'attesa del Tribunale, mattina, estate.

NOTABILE: Che noia! L'attesa degli eventi, questo non prender parte all'azione. Rimanere seduti ad aspettare non mi piace più. Eppure quanta gioia, in gioventù: attendere che il destino si compisse su una situazione! Guardare come variassero i tempi e gli elementi, lo stato di un sistema.

Entra Mabuse con Nira

NIRA (indicando Notabile): Eccolo là.
MABUSE: Lo vedo. Sei sicura che sia lui?
NIRA: Certo, uno così non lo si dimentica.
NOTABILE (fra sé): Guarda chi c'è. Quella ragazza... fu lei a contattarmi per quell'affare nel negozio di tessuti. Poi scomparve nel nulla.
NIRA: Buongiorno.
NOTABILE: Buongiorno, signorina.
NIRA: Il dottor Mabuse, il signor...
NOTABILE: Gianleone Notabile, piacere.
MABUSE: Sta aspettando che la chiamino?
NOTABILE: Il giudice risolverà presto questo equivoco.
MABUSE: Che equivoco?
NOTABILE: Alcune persone dicono che le ho accusate ingiustamente.
MABUSE: Davvero?
NOTABILE: Sì (guardando Nira). Lei non lo crede?
NIRA: Non saprei, non la conosco ancora a fondo.
NOTABILE: Eppure fu lei a pregarmi di far presente al gestore del negozio la sua situazione... difficile. Non fu così?
NIRA: Sì.
NOTABILE: Dove è andata dopo? Non l'ho più vista.
NIRA: Avevo... avevo un impegno e sono dovuta correre via.

49

NOTABILE: Mi sembra strano... comunque sappia che il gestore ha sporto denuncia contro di me per calunnia e diffamazione.

NIRA: Lo so, ecco perché sono qui, per scusarmi.

NOTABILE: Scusarsi? Non credo, signorina. Credo anzi che lei sia qui per appurare la verità. Mi scusi dottore, lei conosce bene la signorina vero?

MABUSE: Sì, credo... certo! Perché?

NOTABILE: La signorina Nira ha una grossa qualità ed è la bellezza ma questa è niente in confronto alla sua intelligenza e non mi sto perdendo in elogi inutili, anzi le sto conferendo lo status di essere divino: bellezza ed intelligenza, la donna perfetta ma anche la più pericolosa.

NIRA: Non capisco.

NOTABILE: Lei signorina, ha voluto mettermi alla prova.

NIRA: Continuo a non capire.

NOTABILE: Lei sa che posso conoscere ogni avvenimento e che questa caratteristica innata fa di me un personaggio pericoloso ma utilissimo.

MABUSE: Lei può sapere ogni cosa? Assurdo.

NOTABILE: Infatti è assurdo e in parte è così. In realtà io non so nulla, non so nulla di lei, della signorina, del gestore, nel mondo. Tuttavia in un baleno, come per magia (e non sottovaluterei la magia) estraggo dalla mia borsa ogni sorta di prove che riguardano la persona che è di fronte a me. Tutto, sa?

MABUSE: Perché ci dice tutto questo?

NOTABILE: Riesco a vedere con i miei occhi oltre quel che c'è da vedere.

MABUSE: Lei è un incantatore.

NOTABILE: Forse, ma forse no.

MABUSE: Ha questo sottile potere?

NOTABILE: Sì ma non glielo dimostrerò in questo momento.

MABUSE: Perché?

NOTABILE: Voglio sapere di lei, dottore. Nasconde più segreti di tutti gli altri che ho conosciuto. Questo riesco ad intuire. Cosa fa in particolare? È un medico?

MABUSE: Sono uno psichiatra, sì.

NOTABILE: Quindi conosce molti segreti, di tanta gente.

MABUSE: Cosa c'entra questo? Eppoi non opero come una volta, ora faccio altro.

NOTABILE: Immagino. E questa attività parallela o comunque che sostituisce la sua regolare professione le piace?

MABUSE: Abbastanza ma non sono affari suoi.

NOTABILE: Anche se lei ha fiducia nella signorina Nira, lei non crede affatto alla sua storia, vero?

MABUSE: Che storia?

NOTABILE: La signorina le avrà detto che sono riuscito ad incastrare il gestore del locale. Ho dimostrato con prove inoppugnabili che egli aveva sedotto e poi... violentato la signorina.

MABUSE: Cosa? Nira, tu... non mi avevi detto... guardami!

NIRA: Lasciami in pace, Mabuse, non tentare questi giochetti con me. Lei, invece, signor Notabile, non si vergogna? Le avevo chiesto di tacere e invece...

NOTABILE: ...e invece la verità verrà sempre a galla, come dicono. Il gestore si sarebbe trovato ora a dover rispondere di violenza carnale sulla sua persona. Le prove che ho consegnato alla polizia sono solidissime. Tuttavia egli nega e ha denunciato me per diffamazione e lei, dottore, è qui perché già sapeva il fatto, non finga, suvvia! Devo essere però sincero, non so ancora il mistero che la circonda. Non si preoccupi, non lo svelerò con le mie arti, se lei non vuole. Ho purtroppo un piccolo difetto: sono un romantico, un idealista. Amo la verità più di qualsiasi cosa ma non la verità a scapito di tutto, il mondo ne sarebbe seriamente danneggiato. Amo che mi si chieda di aiutare a comprendere, tutto qui. Probabilmente deriva da un mio antico sentimento di voler fare l'insegnante.

MABUSE: Sono meravigliato. Lei ha anche una grande arguzia e una capacità di intuizione notevoli.

NOTABILE: In fondo sono un uomo di legge ma ho abbandonato la professione ed ora, quasi povero, mi diletto nel difendere i disgraziati.

NIRA: Disgraziato sarà lei!

MABUSE: Mia cara...

NOTABILE: No, lasci, dottore, la prego. Il mio essere uomo ha bisogno dell'essere donna. La signorina Nira è una donna e non un automa.

MABUSE: Guai se gli uomini fossero automi.

NOTABILE: Davvero? Credevo lei volesse il contrario.

MABUSE: Che intende dire?

NOTABILE: Lei non vorrebbe che tutti gli uomini andassero d'accordo tra loro?

MABUSE: Certo.

NOTABILE: E non desidererebbe anche che rispettassero e seguissero una legge comune e un volere comune?

MABUSE: Naturalmente ma sono solo sogni per avere un mondo migliore. So cosa sta pensando, che io mi contraddico: volere gli uomini tutti uguali è volerli automi, tuttavia il mondo non è così. Gli uomini sono tutti diversi fra loro e continueranno ad esserlo almeno finché un evento sconosciuto non li allinei su un piano egualitario. Non sto parlando di autoritarismo ma di normale ubbidienza civile alle leggi e alla morale.

NOTABILE: Naturalmente. Peccato che eventi simili non siano all'ordine del giorno e che, qualsiasi cosa avvenga, l'umanità non attraverserà periodi di benessere in quel senso. Ma perché poi parlare di umanità, quando abbiamo il nostro Paese sotto gli occhi? Io credo che l'Italia dovrà patire ancora centinaia di anni per trovare la propria identità civile e sviluppare una nuova cultura.

NIRA: È facile esprimersi così quando non si prende parte alla guerra.

NOTABILE: Che guerra? Quella che sta saccheggiando il pianeta delle sue risorse? Quella che oppone due religioni? O quella che oppone la sete di ricchezza di pochi già ricchi a tanti che vorrebbero esserlo? Di quale guerra parla?

NIRA: Della guerra dell'ingiustizia, dell'abominio dei potenti, della vittoria degli ignoranti, della superbia dei possedenti. È un'unica guerra sotto forma di tante battaglie.

MABUSE: Nira, mia cara, magari il signor Notabile non è interessato a questa idealizzazione del tuo pensiero.

NIRA: Del nostro pensiero, vorrai dire, Mabuse.

MABUSE: Signor Notabile, lasci che le parli chiaro. Io sono qui per accompagnare Nira in questa sorta di grande spettacolo al quale ha preso parte anche lei nel chiarire una situazione spiacevole, anzi spregevole del suo passato. Sono venuto anche per conoscerla, per conoscere le sue grandi qualità.

NOTABILE: Non vorrebbe avermi con sé per la sua crociata contro l'umanità abietta e retrograda, possibilmente nel tentativo di metterla in ordine?

MABUSE: Lo dicevo io che lei era una persona in gamba, intuisce le cose con una rapidità mostruosa.

NOTABILE: Ricordo un altro dottor Mabuse, magari glielo avranno ripetuto centinaia di volte, un uomo che inseguiva una sete di potere soprattutto di ricchezza.

MABUSE: In realtà questo è solo un soprannome, ma le assicuro che io sono una persona che desidera solo la pace e l'uguaglianza.

NOTABILE: Non lo metto in dubbio. Cosa vuole da me?

MABUSE: Solo collaborazione sotto l'egida di alti ideali, tutto qui.

NOTABILE: Ha mai pensato che potrei diventare una persona molto pericolosa? Che potrebbero uccidermi al primo passaggio da un uomo famoso, ad esempio un politico?

MABUSE: Certo, ma la difenderò io.

NOTABILE: E come? Con il suo sguardo? È molto penetrante ma non sarebbe abbastanza per fermare una bomba o delle pallottole. Lei immagina che io sono così povero e così emarginato dalla società per scelta individuale? Per non essere così in vista? Sin da giovane ho sperimentato le avversità di coloro che si consideravano puri e onesti sotto qualsiasi livello.

MABUSE: Quindi per necessità lei si è relegato a vivere con il minimo che questa società offre, per non morire altrimenti. La spaventa la mancanza di ideali, di libertà? La spaventa non mettere in pratica la verità? Il sogno di tutti i più grandi filosofi, di tutti i profeti e di ogni religione è stato quello di cercare la verità e di offrirla all'umanità. Lei invece, che potrebbe darla, non la offre per paura di soccombere per essa.

NOTABILE: La verità non è semplice mercanzia, dottore. Credo che la verità debba essere cercata da ciascuno di noi e non offerta su un piatto d'argento, deve esistere una sorta di sforzo anche per la verità, oltre che per la libertà.

MABUSE: Perché? Quando lei studia un argomento si fida ciecamente di quel che le dicono? Crede così ai dischi volanti o agli unicorni? Non sperimenta invece la loro inesistenza oppure non vorrebbe vedere se è vero che non esistono?

NOTABILE: A volte quando si utilizza un oggetto si può anche non sapere come funziona quell'oggetto.

MABUSE: Ma chi l'ha creato sa e deve sapere! Perché evitare di conoscere quando ad esempio hanno avuto origine le nostre paure, le nostre incomprensioni? Perché evitare di sapere se qualcuno di cui ci fidiamo opera contro di noi?

NOTABILE: Sarebbe stato pericoloso per dittatori e governanti sapere se gli uomini attorno erano traditori: avrebbe dato adito a tirannie e governi ben più lunghi.

MABUSE: Idiozie! Il popolo potrebbe sapere invece se un despota è in buona fede o no; potremmo conoscere l'effettiva responsabilità di attentati planetari oppure se chi ci governa fa i propri comodi; addirittura se l'uomo è effettivamente andato sulla Luna! Si rende conto che lei ha uno strumento di pace e progresso?

NOTABILE: La mia scelta è una scelta volontaria.

MABUSE: Oppure lei è un millantatore.

NOTABILE: Sa che non lo sono.

MABUSE: Certo, ma finora solo parole e filosofie metafisiche.

NOTABILE: Lei sta cercando di mettermi alla prova.

MABUSE: Mi dica qualcosa invece, dica qualcosa su di me.

NIRA: Mabuse, lascia perdere.

MABUSE: Lasciar perdere? E perché? Vorrei scoprire ora se egli dice la verità.

NOTABILE: D'accordo, dottore, guardi allora (estrae un fascicolo dalla borsa)! Ecco qua, legga!

MABUSE (legge): Non è possibile! Io... io sono stupefatto!

NOTABILE: In genere non so mai nulla di quello che esce dalla borsa, faccia vedere, sempre che lei non abbia paura di far sapere la verità.

MABUSE: No, affatto.

NIRA: Ma sei impazzito, Mabuse?

NOTABILE (legge): Lei... lei sarebbe quindi un ipnotizzatore? Può ipnotizzare chiunque tranne pochissime persone, può imbrigliare frasi e ordini e impartire comandi per esecuzioni di ogni genere e le persone eseguono senza fiatare, anche senza ricordare nulla.

MABUSE: Non posso farlo con lei.

NOTABILE: Qui dice anche che per causa sua il Presidente sarebbe... oh, santo cielo e quel suicidio allora? È detto anche che l'omicidio del commissario...

MABUSE: Lei dubita delle sue facoltà... o della borsa.

NOTABILE (porgendogli i fogli): La borsa è solo un mezzo, sa quante volte me l'hanno rubata e quante volte ne ho rimediata un'altra? Io creo la verità.

NIRA: Mi fate paura entrambi.

MABUSE: Paura, mia cara? Non dovresti invece. Tu sei fra le poche che io non posso controllare e hai convinto me a ripulire il mondo dalla sporcizia di questa civiltà così marcia. Perché poi provare paura per il signor Notabile? Lo hai scoperto tu e ti ha aiutato in maniera così spontanea.

NOTABILE: Io non farei mai del male a nessuno, anche se so che portare fuori la verità fa male.

NIRA: In un certo senso ha fatto male anche a me ricordare quegli eventi.

MABUSE: Su, su, non preoccuparti, il giudice darà torto a quell'infame, quindi perché aver paura?

NIRA: Adesso ho paura per il mondo se sapesse la propria verità.

NOTABILE: Ma il mondo mai saprà la verità. Esistono tante verità, proprio come gli aspetti del mondo. Tuttavia gli eventi sono fissi, avvengono anche se non siamo d'accordo. Un oggetto che cade può cadere dall'alto in basso o, se lo si guarda a rovescio, dal basso in alto ma sempre cozzerà contro il pavimento.

MABUSE: Lei mi piace, Notabile. Vorrei chiederle una cosa: se lei potesse aiutare lo sviluppo dell'umanità? Lo farebbe?

NOTABILE: Certo.

MABUSE: E se a lei fosse proposto di farlo, sotto ovviamente una guida, lo farebbe?

NOTABILE: Su questo non so cosa rispondere. Dottore, lei mi sta offrendo di collaborare alla sua crociata per il rinnovamento del mondo, o magari di questa Italia così piena di problemi. Lei indurrebbe all'obbedienza intere categorie di potenti mentre io dovrei ricattarli con la mia facoltà di avere in mano ogni sorta di prova. È una visione terribile, una visuale senza dubbio tirannica e che non comprende nessuno sviluppo della civiltà, intendo spontaneamente.

MABUSE: Spontanea? La civiltà? D'accordo che la tecnica e le scienze vanno avanti con la ragione, che c'è stato un miglioramento minimo nelle cose ma, a livello globale, cosa abbiamo ottenuto? L'uomo mangia ancora l'altro uomo, la violenza non è stata debellata, la concussione, il ricatto, la politica malata, l'odio razziale e religioso. Guardi ad esempio questa nazione, perdio! Persino l'aumento dei prezzi dipende dal volere umano e non segue di certo leggi di mercato. Siamo governati da un bipolarismo monocratico, un'unica ideologia sotto due colori, andiamo! Io e lei rimetteremmo a posto le cose per fare progredire la stessa Europa!

Entrano il Procuratore e l'Avvocato.

MABUSE: Attenzione, ecco i legali. Signor Notabile, io le chiederei di non presentarsi al processo.

NOTABILE: Non ne vedo il motivo.

MABUSE: D'accordo, d'accordo, tutto questo è stato organizzato da me, tutto. Ora se le faccio questa richiesta è per una ragione: nessuno, oltre i presenti dovrà sapere di lei.

PROCURATORE (entrando con l'avvocato): Tu, proprio tu, dovresti vergognarti, sai?

AVVOCATO: E perché? Procederò come mio solito, dimostrerò che le prove addotte sono false e tendenziose, quella ragazza... è stata lei ad adescare il mio cliente!

PROCURATORE (accorgendosi di Nira): Ah, eccola.

AVVOCATO: Ci vediamo in aula! (esce)

NIRA: Di questo avevo paura, di aver messo in mezzo la mia vita per la causa.

MABUSE: Non preoccuparti per la tua reputazione, mia cara.

PROCURATORE: Non badi a quell'imbecille, signorina. Faremo del tutto per fare giustizia.

MABUSE: Visto? Il procuratore dice giustizia. Ma dovremmo ringraziare il signor Notabile qui presente se giustizia sarà fatta, procuratore, poiché ha permesso che il giudizio si basasse su solide prove. Inoppugnabili, scommetto.

PROCURATORE (indicando Notabile): Lei è il colui che ha fornito quelle prove?

NOTABILE: Sì.

PROCURATORE: Come ha fatto a procurarsele? È un investigatore?

MABUSE: Non si chiede mai al fiume dove è nato.

NOTABILE: No, non sono un investigatore. Le avevo con me... da tanto tempo.

PROCURATORE: Sarà chiamato a testimoniare sul motivo per cui aveva quei documenti e le fotografie.

NOTABILE: Lo so.

PROCURATORE: E cosa dirà?

NOTABILE: La verità.

MABUSE: La verità? Quale?

NOTABILE: Che io so la verità.

PROCURATORE: E quale sarebbe, scusi?

MABUSE (aprendo gli occhi e muovendo una mano ad arco): Non lo interroghi più.

PROCURATORE: Non lo interrogo più, no...

MABUSE (facendo lo stesso gesto): Vada in sala e non nomini mai il signor Notabile, lei non lo conosce. Mi mandi fuori l'avvocato e, dopo, cerchi di mandarmi fuori il giudice.

PROCURATORE (entrando nella sala): Sì...

NOTABILE: Cosa sta cercando di fare? Pensavo che non avrebbe osato modificare questa seduta di giudizio.

MABUSE (prendendolo con sé): Sto cercando di salvarle la vita. Se si sapesse in giro che lei può, con una sorta di bacchetta magica o una borsa da strega, tirare fuori ogni verità, su chiunque!, certo sarebbe pericoloso per lei, ne convengo. Intendo quindi difenderla da un attacco preliminare di curiosi. Lei ha fatto un servigio importante per la società denunziando un malefatto. Non farò sì che sia imputata a lei la responsabilità della cosa e che possa danneggiare la signorina Nira.

NOTABILE: Ma io intendo difendermi...

MABUSE: Difendersi? Dio mio, lei sarà nella fossa dei leoni, lei verrà assalito e la sua carne data in pasto alla falsità, all'omertà, al segreto! Si fidi di me, venga con me, venga dalla mia parte!

AVVOCATO (uscendo): Chi mi cerca, chi mi vuole?

NOTABILE: Io la sto cercando avvocato. Andiamo!

MABUSE (guardando Notabile entrare con l'avvocato): Ma dove va, è pazzo? Rifiutare la mia offerta, cosa fa?

NIRA: Lascialo, Mabuse, lui non riesce a pensare come te, lui è un debole, me ne sarei dovuta accorgere subito.

MABUSE: Mia cara, non capisci che il nostro cammino sarebbe stato più facile? Avremmo potuto sapere in anticipo le colpe dei nostri obiettivi, i silenziosi scheletri negli armadi dei potenti, dei bancari, di tutti! È un'idiota!

NIRA : Un idealista come te ma più piccolo, più debole.

MABUSE: Che succede? Che dicono? Apri un po' la porta, ascoltiamo.

GENTE (gridando): Bugiardo, falsario!

NIRA: Sta dicendo tutto al giudice, alla platea. Sono spacciata, diranno che le prove sono false e io sarò la maliarda che ha tentato quel grassone quella sera!

MABUSE: E ora cosa fa? Sta tirando fuori documenti e documenti da quella dannata borsa! Li distribuisce a chiunque! È pazzo!

NIRA: La gente sta leggendo! È inferocita ma senti ora che silenzio, mi fa paura. Era questa la mia vera paura?

MABUSE: Ora tutti sapranno le loro responsabilità, quei misfatti da loro stessi sepolti e nascosti. Tutti sapranno di tutti! Quale vittoria per la democrazia, quale sconfitta per la tirannia.

NIRA: Quale interruzione della ordinarietà.

GENTE (tumultuosa): Assassino, bugiardo, millantatore!

MABUSE: Che succede? La folla cerca di assalirlo, è esasperata. A stento servono le guardie. Ha dato anche al giudice un incartamento. Il giudice lo sta facendo portare via. Le guardie sparano in alto.

GENTE (rumori di spari, tafferugli): Prendiamolo, prendiamolo!

MABUSE: La folla lo ha preso! Dio mio! Stanno venendo qui, fuggiamo, non posso tenerli a bada tutti. Povero Notabile, sono come delle furie, che ne sarà di lui? Lo dicevo io: l'umanità non è cambiata affatto!

NIRA: Forse è meglio così. Forse è meglio che si tengano con le briglie gli umani! (escono)

AVVOCATO (con il Procuratore): Non posso crederci, dov'è l'ambulanza, la polizia? Hai visto?

PROCURATORE: Non ho mai visto tanta furia, tanto male addosso ad una persona. Chi era, poi?

AVVOCATO: Come, chi era? Era uno dei testimoni, no? Gianleone Notabile. Dovevo interrogarlo per sapere delle prove che aveva addotto. Eppoi non dovevi interrogarlo anche tu?

PROCURATORE: No, non credo.

AVVOCATO: Ma come, era anche un tuo testimone. Non ci stavi parlando qui fuori?

PROCURATORE: No, non l'avevo mai visto prima.

Sipario.

"Pietra"

Personaggi:

Sauro
Arno Pietra, la guardia
'Til Tuesday, l'insetto

Luogo: cessi della stazione Ostiense, notte

PIETRA: C'è... c'è nessuno? Ho visto la polizia entrare di corsa, ho sentito delle colluttazioni, urli. Cosa sarà successo? In questo periodo la stazione è vuota, hanno allontanato anche i barboni. Stanno tentando con la forza di mantenere il posto pulito. Pulito, poi, da cosa? Fa così freddo...
SAURO (mugugna, disteso a terra): Mmm...
PIETRA: Santo cielo! Chi sei? Puoi parlare? Ecco cosa stavano facendo quei poliziotti! Perché sono così violenti? Vorrei tanto uscire fuori da questa condizione di immobilità, non ce la faccio più! (va verso Sauro) Aspetta, prendo dell'acqua!
SAURO: Mmm...
PIETRA: Ecco qua, non muoverti. hai il volto coperto di sangue. Ti farà un po' male ma...
SAURO: Ah! Basta, basta! (sferra un calcio a Pietra che cade in terra)
PIETRA: Fermo, che fai? Smettila.
SAURO (gli sferra dei calci): Basta! Non permetterò più a nessuno di picchiarmi, stronzo!
PIETRA (si difende e riesce a fermarlo): Fermati! Non sono io che ti ho ridotto così, io voglio aiutarti.
SAURO (piange): Aiutarmi? Nessuno può aiutarmi. Guarda come mi hanno ridotto. Mi fa male tutto.
PIETRA: Vieni sotto la fontana. Un po' di acqua fredda ti farà bene.
SAURO: Non toccarmi! Non voglio essere toccato!
PIETRA: D'accordo, d'accordo. Volevo solo aiutarti ma mi sembra che non t'importi se qualcuno è dalla tua parte.
SAURO: Dalla mia parte? Che pena! Anche tu dividi il mondo in categorie. Ancora non sapete che proprio dalla volontaria divisione in classi si creano mostri? Io sono un mostro. Stai tu dalla parte di un mostro?
PIETRA: Volevo dire che sono con te, qualsiasi cosa tu abbia fatto. Io... io non sopporto l'uso della violenza.
SAURO: Davvero? Chi abbiamo qui, Gandhi poliziotto?

58

PIETRA (sorride): No, no, è solo che non credo affatto che paghi la costrizione. Eppoi non sono un poliziotto, ma una guardia giurata.

SAURO: Ho ancora sangue negli occhi. Comunque siete così distanti dal mio modo di vedere il mondo.

PIETRA: Perché parli così? Per me è solo un lavoro, sai? Se scopro un ladro...

SAURO: ... non lo fermi per paura di fargli male?

PIETRA: No, che dici?

SAURO: Ho capito, sei un debole. Come tutti i poliziotti, del resto. Anche loro lavorano. Gli avranno detto: cacciare tutti i froci nei cessi della stazione. Loro poi eseguono ma è solo perché a fine mese beccano lo stipendio.

PIETRA: Non credo sia così semplice.

SAURO: Io devo dare un senso a quel che mi accade.

PIETRA: Che facevi qui? Battevi?

SAURO: Perché me lo domandi se già sai la risposta?

PIETRA: Così, io...

SAURO: Che te ne frega di quel che faccio? Oppure, volevi farmi anche tu?

PIETRA: Cosa? No, no... che pensi?

SAURO: Sai che novità, come quella volta che mi presero e ci si misero in tre. Più urlavo più lo ficcavano dentro! Cos'è, ti infastidisce se te lo racconto?

PIETRA: No. È che mi dispiace.

SAURO: Ti dispiace. Devo ringraziarti? È solo che le tue scuse non riparano alcuna ferita.

PIETRA: Tieni questo fazzoletto.

SAURO (gridando): Non lo voglio! Figlio di puttana, che cazzo vuoi da me? Vattene!

PIETRA: Lo sai cosa sei? Un ragazzino ingrato che finirà nelle fogne perché è quello il luogo dove vuole andare! Non hai neppure notato che sono qui per darti una mano, senza volere nulla da te, niente!

SAURO: Adesso sono io che dovrei scusarmi.

PIETRA: Vaffanculo, stronzo!

SAURO. Hai ancora quel fazzoletto?

PIETRA: Sì... certo. Tieni.

SAURO: Non ho mai battuto per soldi. Ero qui perché avevo conosciuto un tizio. Mi piaceva e ci siamo chiusi in un cesso. Tutto qui.

PIETRA: Perché me lo racconti? Non te lo avevo chiesto.

SAURO: Vorrei precisarlo, visto che tu comunque ti eri fatto un'idea di me ben precisa. Non è così?

PIETRA: Hai ragione. E dove sarebbe il tizio?

SAURO: È riuscito a fuggire. Io ho tentato di chiudermi dentro a chiave ma hanno rotto la serratura. È stato terribile: erano in quattro, più un altro di fuori.
PIETRA: Capisco. Come ti senti adesso?
SAURO: Mi fa ancora male la testa e il petto. Per fortuna non mi hanno picchiato sulle palle.
PIETRA (sorridendo): Per fortuna.

Entra 'Til Tuesday guardandosi attorno.

TIL: Stai bene? Scusa se sono fuggito lasciandoti solo. Ho cercato aiuto ma sembra che stasera non ci sia nessuno qui.
PIETRA: Tutte scuse.
TIL: Che cazzo vuoi? Fatti gli affari tuoi, amico.
PIETRA: Non sono tuo amico. La cosa che potevi fare era quella di non tornare affatto.
TIL: E perché? Una volta andati via non tornano due volte. Magari potremmo continuare quello che stavamo facendo.
SAURO: Mi fai schifo. Vattene.
TIL: Potrei leccarti le ferite.
PIETRA: Hai sentito? Vattene!
TIL: D'accordo, d'accordo, me ne vado. Ho proprio qui fuori un paio di amici che mi aspettano. Se vuoi ti posso portare a casa, piccolo.
SAURO: No, non ci tengo.
TIL: Come vuoi. Hai detto che ti servivano soldi però.
PIETRA: Meno male che non battevi.
SAURO (a 'Til): Sì mi servono, sono nella merda ma non volevo seguirti per quello. Ho bisogno di distrarmi per non pensare ai miei problemi. Vengo qui proprio per non tornare a casa. Tu mi piaci ma in questo momento sento un po' di disgusto.
TIL: Bah! Contento così. Tu invece non mi piaci, sei proprio un ragazzino. Credo proprio che me ne andrò dai miei amici. Ricorda una cosa bambino: ci si può illudere di mettere merda su merda ma sotto ci sarà sempre merda.
SAURO: Grazie del consiglio. Meno male che c'era il filosofo verde che me lo ha ricordato.

Esce 'Til Tuesday.

SAURO: Ci vuole poco a creare una persona: bastano due parole che ti definiscono e l'apparenza è fatta. Io volevo solo appartarmi con qualcuno, dimenticare per un attimo tutto davanti ad un sesso veloce.
PIETRA: Tu dimentichi che esiste l'accertamento, la verifica dei fatti, la realtà così com'è.

SAURO: La realtà? La realtà è che ha ragione quell'insolente: è che siamo fatti di merda e basta.

PIETRA: Io non la penso così.

SAURO: E come la pensi? Aspetta, non dirmelo: tu ritieni che la vita vada vissuta, che la vita è bella comunque, che la vita è degna. Non è così?

PIETRA: Se ritieni che la vita sia una merda perché non ti suicidi? Mi sono sempre chiesto se coloro che disdegnano vivere non facciano bene ad andarsene una volta per tutte.

SAURO: Hai una sigaretta?

PIETRA: No, non fumo.

SAURO: Neanch'io.

PIETRA: E allora perché me lo hai chiesto?

SAURO: Così, per dimenticare l'accaduto e provare a rimorchiarti ora.

PIETRA (ride): Veramente mi sembra di essere stato io a rimorchiarti.

SAURO: Una volta ho letto che chi fa sesso campa cent'anni... scusa, era una battuta. Non credere ai tuoi occhi: anch'io amo la vita e non sarei capace di togliermela. È solo che sono più le volte che soffro rispetto a quelle in cui gioisco e che cerco disperatamente la felicità. So di non riuscire a trovarla, qui poi è impossibile ma la finzione mi mantiene vivo.

PIETRA: Siamo in due allora.

Sipario.

"Vomito"

Personaggi:

Zi' Gaetana
Malta
Robu
Furio

Luogo: casa di Furio.

GAETANA (entra dalla porta): Vieni, vieni ma fa' silenzio.
MALTA (lo segue): Credi che abbiamo fatto bene? E poi, dove hai preso le chiavi per entrare a casa di Furio?
GAETANA: Gliele ho sottratte l'altro giorno, mentre stavate di là a... insomma quando eravate da me e vi siete appartati in camera mia.
MALTA: Scusa... non credevo ti desse fastidio.
GAETANA: Se non fossi tuo amico ti avrei già sbattuto fuori dalla mia vita. Comunque, cerchiamo un posto dove nasconderci.
MALTA: Non so... non so se facciamo bene. Furio si arrabbierà a tal punto, lo conosci.
GAETANA: Non preoccuparti, preso con le mani nel sacco, o meglio, con le mani nei pantaloni, diventerà rosso di vergogna, vedrai.
MALTA: Sarà... ma raccontami di nuovo quando lo hai visto.
GAETANA: Te l'ho detto, quattro sere fa. Hai presente il vialetto in salita del parco e quell'insieme di fratte che gli stanno dietro? Beh, quella sera avevo caldo, non so perché, mi sa che sto invecchiando anch'io, Dio mio, pensavo, qui non si muove un filo d'aria e non c'è nessuno in giro. Poi ad un certo punto, Grazio, quel ragazzetto pieno di soldi, mi chiama da dietro un cespuglio e mi chiede di seguirlo.
MALTA: Che c'entra Grazio?
GAETANA: Aspetta, aspetta. Insomma dico a Grazio: ma che sei scemo? Che cavolo vuoi? Non gli piaceva farlo all'aperto e quindi non capivo cosa volesse. Mi dice: portami da qualche parte, ho una voglia pazza. E io: andiamo in macchina, dove l'hai posteggiata? E lui: no, no, voglio farlo all'aperto, una volta tanto ma non voglio che mi veda nessuno. Ma non c'è nessuno!, gli dico ma lui, sai com'è timido, mi prega di accompagnarlo da qualche parte fuori, verso il raccordo. Per me va bene, faccio, ma non potevi dirmelo dalla macchina? Ma lui mi fa un ragionamento per cui credeva di aver visto un tizio che ha un negozio vicino a dove lavora e quindi...
MALTA: Va' avanti e smettila con questi particolari!

GAETANA: Che noia che sei! Andiamo verso la Cecchignola, ti ricordi quella vecchia caserma in disuso? Beh, gli indico un anfratto nascosto ed usciamo fuori all'aperto, verso il verde dietro il complesso diroccato...
MALTA: Ho sentito un rumore, Gaetana!
GAETANA: Ma no! È qualcuno che scende le scale sul pianerottolo.
MALTA: Stavo pensando questo: se venisse da solo a casa e invece trovasse noi qui?
GAETANA: Diremmo che la porta era aperta.
MALTA: Non ci crederà.
GAETANA: Ci crederà, in fondo è violento ma stupido. Santo cielo quant'è sporco questo appartamento! Guarda la polvere.
MALTA: Continua.
GAETANA: Grazio mi intima di non fare il minimo rumore e gli dico sottovoce che allora neanche lui, quando glielo prendo, deve mugugnare che tanto si sente lontano un chilometro che sta facendosi fare un pompino.
MALTA: E finiscila con questi particolari!
GAETANA: Ad un certo punto succede una cosa strana, ah sì... avevo rimosso questo particolare. Io sento un rumore, come un fruscio dietro un muretto. Io penso che sia il solito maniaco che ha visto una macchina appartata e che è sceso per farsi i cazzi nostri. Poi un sibilo. Mi affaccio e vedo uno spettacolo incredibile: una sorta di luce che proviene da sotto il suolo, come attraverso una grata. Avrei voluto avvicinarmi ma ero come bloccata. Da questa grata nel terreno esce una luce colorata e il sibilo continua. Intanto mi accorgo che Grazio si era eccitato della mia posizione e mi sta stimolando il didietro. Al che gli dò una gomitata e lo faccio cadere. Volevo prendere la macchinetta digitale e fare una foto.
MALTA: Una foto?
GAETANA: Sì, mi sembrava una cosa straordinaria, un fatto sensazionale, capisci? Una macchina nel prato della periferia che emetteva suoni e luci, tu dovevi vederla. Cos'era? Non so, ad un certo punto, quella specie di grata si è sollevata ed è scomparsa nel cielo con una fiammata. Pensa che Grazio, si è pisciato addosso dallo spavento (ride).
MALTA: Non mi avevi raccontato questa cosa.
GAETANA: Certo, mi hai fatto una testa così alla notizia che avevo scoperto che il tuo bucaiolo ti tradiva che mi sono dimenticato. Ma dov'è, accidenti? Ah! Eccola, vediamo la foto che ho fatto.
MALTA: E dove?
GAETANA: Al computer di Furio, no?
MALTA: Tu devi essere matto. Se viene qui... che diavolo gli diremo, il computer... no, no, andiamocene, me ne sbatto se quel figlio di puttana mi tradisce con un cazzetto da quattro soldi.
GAETANA: Ma smettila, pisciasotto. Eccolo qui, accendiamolo.

MALTA: Comunque... a parte gli UFO, cos'è successo poi?

GAETANA: Non appena scomparve l'evento, Grazio rientrò in macchina e si chiuse dentro. Nel frattempo arriva un'altra auto. Io mi fermo, sempre più incuriosito. Uno sportello si apre e poi si chiude e poi, subito, un altro che si apre. Non riuscivo a vedere ma sentivo benissimo. Una voce fa: perché mi tratti così? Te lo dico io, perché non hai il coraggio di toglierti di torno quella checca indecisa e piena di problemi! E sento una voce rispondere: no, non è così... io mi sono innamorato di te, sappilo. Questa cosa mi innervosisce perché era tanto che non provavo un sentimento siffatto lascerò al più presto la checca tu mi piaci eccetera eccetera.

MALTA: Ed era Furio.

GAETANA: Sì.

MALTA: Ma potevi sbagliarti.

GAETANA: No, santo cielo, per l'ultima volta Malta, ti ho detto che poi sono riuscito a vederlo illuminato dalla luce dell'auto. Inoltre era la stessa di Furio. E non mi fare quella faccia. È uno stronzo, lo sai: abbiamo fatto bene a venire qui invece.

MALTA: Come fai a sapere che sarà qui con quell'altro? E chi sarebbe poi?

GAETANA: Non so, non lo conosco. So solo che Aldo, l'amico di Vàltera, quella che lavora vicino a Furio, mi ha detto che Furio aveva un appuntamento e che non ci sarebbe stato stasera all'incontro a pallone perché aveva una cena a casa. Se penso che quell'Aldo crede ancora che Furio va con le ragazze mi viene voglia di dargli una sberla. Ora sono quasi le otto e dovrebbero essere qui. Ah, guarda! Ecco la foto!

MALTA: Santo cielo, ma che roba è?

GAETANA: Non lo so, Malta. Tu che pensi che sia?

MALTA: Mah... sembra davvero una specie di grata volante. Ma non dovrebbero essere dischi volanti?

GAETANA: Ehi, credi che li costruisca io? Non lo so.

Rumore di serratura. Entra Furio e Robu. Malta e Gaetana si nascondono.

FURIO: Eccoci, hai molta fame?

ROBU: Sì... di te.

FURIO: Ehi, che dici. Vai subito al sodo, però.

ROBU: Ti dispiace? Ma cosa c'è?

FURIO: Il computer è acceso. Io l'avevo lasciato spento. Ora che ci penso avevo anche chiuso casa.

ROBU: Se fossero entrati i ladri pensi che avrebbero guardato i tuoi segreti nel computer? Hai foto porno da nascondere?

FURIO: Non dire idiozie!

ROBU: Ehi, smettila, sto scherzando.

FURIO: Non rivolgerti a me in questo modo!

ROBU: Andiamo, Furio, magari ti sarai dimenticato.

FURIO: Ma no, no! Io sono molto preciso su questo.

ROBU: D'accordo. Ispezioniamo casa, allora.

FURIO: No... no (fa' segno a Robu di continuare a parlare), magari mi sono sbagliato io, hai ragione.

ROBU: Beh... comunque mi piacerebbe molto ficcare il naso nel tuo hard disk, oltre che... in qualche altro posto.

FURIO: Ecco qui, chi cazzo siete? Oh merda... Gaetana, Malta!

GAETANA: Metti giù quel coltello, sei impazzito?

MALTA: Ha... ha ragione, che intendi fare? Sgozzarci?

FURIO: Ma cosa state facendo qui?

ROBU: Chi diavolo sono?

GAETANA: Senti senti, si permette di parlare pure il signorino qui.

FURIO: Allora? Che volete?

MALTA: Non lo indovini? Cosa ci fai qui con questo tizio?

ROBU: Ehi, io ho un nome.

GAETANA: Sì, rubamariti!

FURIO: Come avete fatto ad entrare qui?

MALTA: Traditore! Porco!

ROBU: È inutile che te la prendi, carino, forse non sei adatto per lui.

GAETANA: Ma stai zitto, chiodo da quattro soldi!

FURIO: Adesso basta! Basta! Non permetto a nessuno di immischiarsi dei fatti miei in questo modo.

GAETANA: Senti, Furio, l'hai fatta grossa. Dopo che hai promesso mille volte di essere serio, di fidarsi di te, di volere la felicità di Malta, dopo che hai giurato che è l'unico che fa per te... non ho parole.

MALTA: Neppure io.

GAETANA: Appunto, andiamo Malta! Hai visto con i tuoi occhi no?

MALTA: Già, andiamo!

FURIO: Eh no, lurido trans da quattro soldi, ora me la paghi.

GAETANA: Lasciami stare! Di' che invece Malta ti interessa perché ha i soldi!

FURIO: Stronza! (gli dà un pugno nello stomaco)

GAETANA: Ah!

MALTA: Gaetana! Oddio, sei un figlio di puttana!

FURIO: E tu una sgualdrinella, come se non sapessi che mi tradisci con Aldo.

GAETANA: Con Aldo...?

FURIO: Sì, diglielo, puttana, che con Aldo ti ci vedi e scopi. Credi che non lo sappia?

GAETANA: Ma Aldo...

FURIO: Sì, anche Aldo lo prende in culo, perché che cosa credevi? Che fosse etero?

ROBU: Dio, che casino.

MALTA: Gaetana, non è vero, credimi.

GAETANA: Ti credo, Malta, sta solo facendo lo stronzo. Oddio... (vomita per terra)

FURIO: Non vomitarmi sul tappeto, Cristo!

MALTA: Vaffanculo, prendi un asciugamano invece.

ROBU: Magari ha mangiato troppo.

MALTA: Taci, merdolino!

FURIO: Ehi, Gaetana, scusami, ero infuriato.

MALTA: Lasciala stare. Vieni, andiamo in bagno. (vanno in bagno)

ROBU: Che tipino quel Malta.

Sipario.

"Poste"

Personaggi:

Dumi
Yuri

Camera da letto: Yuri e Dumi sono abbracciati.

YURI: Non dirò che è stato bello. Troppo banale.
DUMI: Non dirlo. Lo dirò io.
YURI: Ma dai, sembra il solito dialogo tra due che hanno appena scopato.
DUMI: Non abbiamo fatto altro finora.
YURI: Voglio dire... lascia stare.
DUMI: Quindi ti piacciono davvero gli uomini con la divisa.
YURI: Abbastanza. Mi eccitano: hai visto tu stesso, no?
DUMI: Ho visto eccome. Devo dirti una cosa però.
YURI: Cosa? Non sei un postino?
DUMI: Come... come hai fatto a...
YURI: I postini hanno cambiato divisa con la nuova amministrazione centralizzata.
DUMI: Ehi, mi spiace non volevo imbrogliarti. È solo che era tanto che non... trovavo qualcuno e mi andava di stare con ...
YURI: Piano, piano, non ho detto che mi infastidisce la cosa. Sei di bella presenza con la divisa, magari un'altra volta ti conviene mettere quella di un militare o, che so io, di un cameriere di grand hotel.
DUMI: Che tristezza! Non credo proprio: meglio militare.
YURI: A me piace avere a che fare con uomini che fanno un lavoro... come dire, maschile, insomma.
DUMI: Beh, tutti i lavori sono maschili se fatti da un uomo, no?
YURI: Prova a fare il ballerino o il parrucchiere. Non voglio essere uno che generalizza ma non ci vedo affatto maschi in quelle professioni.
DUMI: ... ma il cameriere, no.
YURI: Quello perché mi ricorda una delle prime volte che l'ho fatto. Ero giovane e stavo sempre in viaggio.
DUMI: Vuoi una sigaretta?
YURI: No, mi prendo una pasticca se non ti spiace.
DUMI: Passami l'accendino.
YURI: Che fai nella vita realmente?
DUMI: Sono un militante di un gruppo cattolico estremista. Ci stiamo occupando di un progetto editoriale.
YURI: Davvero?

67

DUMI: Sì. Ecco... dobbiamo preparare un elenco di tutti i personaggi dello spettacolo e della politica che si ritiene siano pedofili. Li pubblichiamo poi su una rivista che dovrà uscire.

YURI: Un bel da fare.

DUMI: La prossima settimana devo seguire il Ministro delle telecomunicazioni.

YURI: Non ho mai avuto a che fare con cattolici estremisti. Sei di destra o di sinistra? sempre che si possa fare questo ragionamento.

DUMI: Destra? Sinistra? Siamo al di fuori delle formazioni politiche.

YURI: E come la mettete con i rapporti tra maschi?

DUMI: Non saremmo un gruppo estremista se accettassimo tutti i dettami della Chiesa. Noi siamo a favore dell'aborto e del divorzio, dell'omosessualità e dell'inseminazione artificiale eterologa e... altre cosette.

YURI: Credete anche nei fantasmi?

DUMI: Mi prendi per il culo?

YURI: No, sono serio.

DUMI: Certo che ci crediamo. Perché tu no?

YURI: A dire il vero credo solo che l'essere umano continui ad avere problemi e di felicità ne incontri ben poca. Un pensiero limitato ma molto realista.

DUMI: Se ti permette di andare avanti... contento tu.

YURI: Come risolvi il conflitto dell'uomo con se stesso? Voglio dire: ritieni che l'essere umano possa risolvere i problemi da solo o con l'aiuto di Dio?

DUMI: A volte con l'uno e a volte con l'altro.

YURI: Se ti capitasse un problema improvviso in una situazione felice a chi daresti la colpa, al caso?

DUMI: No, non credo nel caso, sono comunque un cattolico.

YURI: Quindi ritieni che il male sia comunque una punizione divina.

DUMI: Naturalmente ma i presupposti iniziali sono diversi: non credo che essere omosessuale o divorziare sia sbagliato, o che credere agli extraterrestri sia contrario per un credente. Penso che se qualcosa va storto ci sia comunque un avvertimento da parte di Dio, che con la nostra ragione dobbiamo affrontare per renderci conto dove abbiamo sbagliato.

YURI: Non hai mai pensato di sbagliare andando a letto con un uomo?

DUMI: Mai, anche perché non è mai capitato nulla di brutto.

YURI: E se capitasse?

DUMI: Santo cielo, metterei in discussione il mio comportamento. Non mi dire che vuoi uccidermi (ride).

YURI: No, ovviamente ma devo anch'io confessarti una cosa: ho le piattole.

DUMI: Cosa? Oh no! Cazzo, non vedi come sono peloso, ma che ti dice il cervello?

YURI: Me ne sono accorto stamattina ma non c'era tempo per comprare la polvere e mi andava di vederti. Mi spiace ma credo di essere proprio infestato a dovere.

DUMI (si alza e si guarda): Porca puttana! eccone una! E un'altra... Dio santo! Tu sei un criminale!

YURI: Casualmente è capitato... comunque nulla di grave.

DUMI: Lo dici tu! Adesso che faccio? Devo tornare da mia moglie!

YURI: Tua... accidenti, la faccenda si complica.

DUMI (si veste in tutta fretta): Dovrei prenderti a calci ma ti piacerebbe, scommetto!

YURI: Passa in fretta, non preoccuparti.

DUMI: Lo sai che persone come te sono quelle che hanno causato più problemi al mondo? Lo sai che quelli come te sono le bestie che sarebbero da combattere? Stronzo figlio di puttana! (esce)

YURI (grattandosi il petto): Che bello, presto sarò su qualche rivista in prima pagina!

Sipario.

Personaggi:

Bubu, la trans triste
Erika, la trans stronza
Petilia, la trans colta
Sulo, un cliente

Una strada, angolo con lampione, cespugli.

In memoria di Laura, detta Bubu, con affetto

Entra Petilia da un lato e Bubu dall'altro.

BUBU: Che hai? Non stai bene?
PETILIA (vomitando): Non lo vedi?
BUBU (senza muoversi): Hai bisogno?
PETILIA: No. Non preoccuparti.
BUBU: È presto stasera.
PETILIA: Merda, che serata. Ho mangiato al ristorante all'angolo con Trastevere. Mai più. ti giuro. Lo denuncio quel porco di cuoco della malora. Pur di mangiare cosa non si fa.
BUBU: Non dirmi che ti sei fatta ancora pagare facendoti invitare a cena.
PETILIA: Insomma, sai che è un amico Ting. E poi credevo cucinasse lui. Invece... che schifo... (vomita di nuovo).
BUBU: Non sporcarti che stasera sento che è la serata più buona della settimana.
PETILIA: Quando mai. Ogni sera dici così.
BUBU: Petilia, non mi hai mai raccontato come sei finita sulla strada.
PETILIA: E smettila di parlarmi! Come se ci fosse un motivo per cui uno dà il culo per soldi!
BUBU: Io ce l'avevo un motivo.
PETILIA: Sentiamo.
BUBU: Per amore.
ERIKA (entra ridendo): Per amore? Tesoro, esiste ancora l'amore, se mai è esistito? Ancora vi ostinate voi checche venute male a credere che al posto del cazzo gli uomini abbiano qualcosa: anche voi siete uomini, perdio! Pensate solo al denaro, solo quello dà la felicità! Chi vedo? Cara, ti senti poco bene?
BUBU: Lasciala stare, sta male non vedi?
ERIKA: Ti è andato per traverso lo sperma di qualche camionista?

70

PETILIA: Se vuoi provocare sappi che stasera non ti riesce. Non ti è bastato il pugno della scorsa settimana?

ERIKA: Vaffanculo, stronza! Ti ricordo che sei sotto al lampione che mi hanno assegnato.

PETILIA: Allora chiama quei bastardi e di' che mi rompano il culo. Io me lo posso permettere: non ho padroni.

BUBU: Ogni volta la stessa storia.

ERIKA: Ma sì, tanto chi ti si raccatta a te. Si vede lontano che hai qualcosa che non va. Pallida, magari hai lo scolo o che so io, qualcosa di peggio. Occhi gialli, carina? Ah no, l'ombretto. Gusti pessimi. Come sempre.

PETILIA: Non ho voglia neppure di mandarti a quel paese, tanto è là che torni ogni sera.

ERIKA: Almeno io ci torno con la pelliccia vera (rivolta a Bubu). Beh, che hai da guardare tu?

BUBU: Io? Niente. Mi faccio gli affari miei.

ERIKA: Ecco brava, porta quella carcassa più giù. Un momento... Carlo, Carlo! Sono qui, vieni! Capperi, chi si vede! A mai più rivederci, sfigate! (esce)

BUBU: Non te la prendere, Petilia.

PETILIA: Figurati. Tanto muore prima lei, vedrai. Non usa neppure il profilattico.

BUBU: Davvero? A dire la verità anch'io... ogni tanto...

PETILIA: Questi stronzi avranno messo qualcosa nel cibo, meno male che non è lassativo. La prossima volta li avveleno. Dovrei chiamare la mia amica Luciana, lei mi aiuterebbe.

BUBU: Petilia, c'è uno che ti guarda.

PETILIA: Dove?

BUBU: Laggiù, dietro l'albero vicino al cancello.

PETILIA: Guarda me? Però, che coraggio.

BUBU: Mi sembra di sì. Si avvicina.

SULO: Ecco, io... salve.

PETILIA: Senti non so se stasera mi sento in grado...

SULO: Ho una richiesta... ti ho vista da tempo, mi ricordi... lascia stare, volevo chiederti una cosa. Ti pagherò se vuoi.

PETILIA: Che vuoi dire? Senti, niente stranezze, in culo non ti ci ficco ortaggi stasera, non mi va.

SULO: In culo? Oh no, no. Volevo solo chiederti se puoi recitarmi una poesia mentre mi masturbo.

BUBU: Oh Madonna mia. Io me ne vado (si nasconde dietro un cespuglio).

PETILIA: Quale poesia? Dove?

SULO: Questa: ecco il foglio, purché recitata bene altrimenti non ti dò un soldo.

PETILIA: Non so se ne sono capace e poi perché proprio io?

71

SULO: Non so... qui mi sembri un po' più colta delle altre.

PETILIA: Fammela leggere un attimo almeno, andiamo un po' più in là (vanno vicino alla siepe dietro la quale c'è Bubu).

SULO: Non gridare e non leggere come se dovessi spiegarla.

PETILIA: D'accordo. Iniziamo adesso?

SULO (si abbassa i pantaloni): Sì.

PETILIA: Non vuoi neppure che ti tocchi?

SULO: No. Va bene così.

PETILIA (mentre recita, Sulo si masturba): *Il fido annel, che per virtù d'incanti d'involarmi a le viste ebbe valore, m'ascose agli occhi dÈ sagaci amanti ma non del cieco e più sagace Amore. Errai fra l'armi e fra gli armati erranti, or di me fanciul nudo è vincitore; tal che ferita da l'altrui ferita, per dar vita a chi muor, perdo la vita. M'assido a lato al giovane africano, di crudo feritor medica pia. Ei con gli occhi m'uccide, io di mia mano di curar il suo mal tento ogni via. Mentre la piaga sua chiudo e risano, sento aprirsi nel cor la piaga mia. Io languisco d'amor, di duolo ei langue: m'asciuga il pianto, e io gli asciugo il sangue.*

SULO: Ahh! (viene; si riveste in fretta e dà dei soldi a Petilia)

BUBU (esce dalla siepe piangendo): Non ho mai ascoltato una cosa più bella.

PETILIA: Non ti credevo così sensibile, Bubu.

BUBU: Sarà che l'hai letta con un tale trasporto, non sembravi neppure tu.

PETILIA: Mi sembra di ricordare tanti anni fa a scuola...

BUBU: Era proprio bella: l'avrà scritta lui?

PETILIA: Macché. Andiamo va'. Almeno non mi sono neppure sporcata.

BUBU: Io me ne torno a casa. Sono triste.

Sipario.

"Chiappe"

Personaggi:

Mela
Rovigo
un ginecologo

Studio del ginecologo. Sala d'aspetto. Mela è in piedi: ha due chiappe enormi. Rovigo è seduto e legge una rivista.

MELA: Che dicono della principessa?
ROVIGO: Che ne so. Io guardo le figure.
MELA: Non ce la faccio più a stare in piedi, sai? Ogni volta che provo a sedermi sento come se le mie chiappe si muovessero. È terribile!
ROVIGO: Non capisco poi perché siamo dal ginecologo, cosa c'entra?
MELA: Il medico che mi ha visitato è corso via e mi ha detto di venire qui.
ROVIGO: Ma cosa ti ha detto mentre ti stava facendo l'ecografia?
MELA: Ha detto solo di spettare fuori. Spero di non avere nulla di grave. Magari me ne tagliano metà: sono orribile.
ROVIGO: Non sei orribile, anzi. Mi piace sempre di più il tuo culo. (si alza e va da lei)
MELA (ridacchiando): Finiscila, sempre a pensare al mio culo. Magari sei stato tu che me l'hai fatto ingrossare così.
ROVIGO: Troppo sport ti ho fatto fare? (ridono e in quel mentre si apre la porta. Entra il ginecologo)
GINECOLOGO: Signora... Mela?
MELA: Sì dottore, mi dica cosa ho? È grave?
GINECOLOGO: No, cioè non so, credo. Vede lei è... incinta.
MELA: Oh Dio santo! (prova a sedersi)
GINECOLOGO (urlando): No! Non lo faccia! Non deve sedersi assolutamente.
MELA: Perché?
ROVIGO: C'è qualche problema dottore? Mela, ti rendi conto: sarò padre!
MELA: Ma finiscila! E quando sarei rimasta incinta?
GINECOLOGO: Secondo i miei calcoli circa tre mesi fa.
MELA: È impossibile! Rovigo... lui è sterile.
ROVIGO: Devi proprio spiattellare in faccia questa notizia? Te lo avevo detto io che si era sbagliato quell'andrologo dei miei stivali!
MELA: Ma se hai visto anche tu che non hai praticamente spermatozoi.

73

ROVIGO: Mela, guardami in faccia. Tu sei incinta, vero dottore?, quindi qualcuno ha messo qualche spermatozoo dentro a meno che tu non sia la nuova Vergine Maria. Altrimenti devo pensare che qualcun altro è il padrone di quegli animaletti con la coda.

MELA: Ma non fare l'idiota! Dottore, da tre mesi ma la mia pancia, la guardi, è piatta perdio! Eppoi come fa a saperlo se lei mi ha ecografato solo le... chiappe? (silenzio)

GINECOLOGO: Ecco, quel che intendevo dire è proprio questo: i suoi figli sono... dentro i suoi glutei.

MELA: Madre santissima!

ROVIGO: Cosa? Ma sta scherzando?

GINECOLOGO: Lei non deve assolutamente sedersi, signora. Finora i suoi muscoli hanno creato una specie di cuscinetto protettivo per cui d'ora in poi dovrà dormire a pancia sotto e sforzarsi il meno possibile.

MELA: Lei è impazzito dottore, vuole veramente che io faccia nascere due mostri? Non si rende conto che nasceranno dal.. dal culo? Cosa dirò io in famiglia poi? Alle mie amiche?

ROVIGO: Ma che ti frega, hanno fatto partorire degli emeriti stronzi le tue amiche, lo sai. I nostri figli saranno invece perfetti. Magari saranno il frutto di una nuova evoluzione, vero dottore?

GINECOLOGO: La cosa è strana davvero. Dovremo studiare la conformazione interna della signora in vista del parto. Penso che si potrebbe operare sui fianchi ma... è prematuro parlarne ora. Lei deve riposare.

MELA: Riposare? Io non li voglio! Non li voglio! Quanti sono?

GINECOLOGO: Due, in perfetto stato.

ROVIGO: Mela, ascolta. Il buon Dio, nel quale non credevo, ci ha fatto un grande dono.

MELA: Sì, peccato che sia il contrario di ciò che afferma la Chiesa e cioè che la donna deve partorire normalmente e non dal di dietro! Scommetto che anche Maria ha dato alla luce Gesù nel senso classico del termine.

ROVIGO: Ma che dici? Non ricordi? Dal seno suo... quindi dal seno è nato Gesù e allora quanto c'è di strano in te?

GINECOLOGO: Signori, non credo che parlare di queste cose porti giovamento...

MELA: Si faccia gli affari suoi, dottore. Stiamo discutendo del mio futuro.

ROVIGO: Del tuo? Veramente dovremmo discutere del futuro dei nostri figli!

MELA: Non li voglio!

ROVIGO: Tu stai pensando ad abortire vero?

MELA: E allora? Anche tu eri contrario se ben ricordo. Sei di sinistra, hai fatto le tue battaglie a favore della legge sull'aborto e adesso che fai? Quando io, donna, voglio abortire, mi dai contro? Comunista di merda!

ROVIGO: Beh si cambia ogni tanto finché non ti succede qualcosa di grandioso e a me è successo!

MELA: A te? A me piuttosto: ho due bambini nel mio culo!

GINECOLOGO: In ogni caso, vi lascio alle vostre discussioni. Lei signora, pensi comunque a non stancarsi troppo. Attualmente non sapremmo neppure come fare per farla abortire. (se ne va)

MELA: Rovigo, aiutami, sono stanca davvero. Voglio stendermi.

ROVIGO: E dove? Ci sono solo sedie qui.

MELA: Per terra. Mettici il tuo giubbotto. (Rovigo esegue e Mela si stende a pancia sotto) Mi sento meglio.

ROVIGO: Senti Mela, scusami se sono così aggressivo ma è che questa notizia mi ha reso felice.

MELA: Ci credo, mica devi portarli tu!

ROVIGO: Ascolta, ti aiuterò in questi mesi, cambierò lavoro addirittura. Farò tutto io, tu non devi preoccuparti.

MELA: Sono spaventata, non tanto per come va la faccenda ma proprio perché non ho mai preso in considerazione il fatto di concepire dei figli. Tu hai voluto fare il test di fertilità ma sapevi benissimo che io non ti avrei permesso di fecondarmi.

ROVIGO: Ora però hai dentro di te due esserini piccoli piccoli. Mela, non senti qualcosa dentro di te che ti spinge ad averli?

MELA: No, nulla.

ROVIGO: Non ci credo, una donna sente sempre di volere dei figli prima o poi.

MELA: Che mi venga un colpo, fino a qualche giorno fa pensavi che alcune donne (tra le quali la sottoscritta) fossero frutto dell'evoluzione naturale: una nuova forma di essere umano si prefigura nel mondo, dicevi rispetto a questo argomento ed ora... gli uomini. Tutti uguali. Ecco! Gli uomini sono tutti uguali.

ROVIGO: E va bene! Toglili di mezzo! Sbarazzatene allora! D'altronde non hai sempre fatto così con tutto ciò che riguarda la tua vita? Ogni volta che una cosa non va la togli di mezzo. Bene! Fai così anche stavolta!

MELA: Continua a fare la parte del maschio offeso. Abbandona anche tu il discorso.

ROVIGO: E che dovrei fare? Tu non vuoi, non posso costringerti!

MELA: No, infatti...

ROVIGO: È che pensavo che dei figli ci avrebbero uniti ancora di più. Ci avrebbero permesso di dedicarci meno agli affari materiali, al lavoro, alla militanza a tutte le stronzate che sempre di più mi rendo conto entrare nella vita di tutti i giorni.

MELA: Non ti riconosco più, Rovigo.

ROVIGO: Perché? Perché uno arriva a crescere e capire determinate cose?

MELA: È proprio vero che sono i maschi a volere i figli oggi ma che non potendoli avere, fanno del tutto per costringerci ad averli.

ROVIGO: Non fare la femminista con me, Mela.

MELA: Io sono una femminista ma ti dico una cosa: non è che non volendo figli una donna vale di meno, sai?

ROVIGO: Non... non penso questo.

MELA: Tu pensi solo a te stesso, a me non ci pensi? Io sono davvero il frutto di una evoluzione alternativa! Dovrò partorire cagando, capisci ora?

ROVIGO: Lo so, Mela ma a certe cose non si dovrebbe pensare. Forse che i primi uomini si ponevano questo problema? In fondo da dove escono i bambini? Non dovrebbe terrorizzare? E non sarebbe la stessa cosa farli nascere dalla bocca o, che so io, da qualsiasi altro orifizio? Siamo così abituati dall'ortodossia da non vedere quanto la natura sia, in un certo senso, la mostruosità incarnata.

MELA (guardando fissa davanti a sé, come pensando): Sì, la natura concepisce solo mostri. Magari, i nostri figli saranno mostri. Sarebbero un tentativo da parte del mondo di ribellarsi alla normalità?

ROVIGO (si accende una sigaretta): Non so, non so che pensare. E se invece venissero fuori perfetti? Se invece fossero loro le persone che cambieranno questo mondo? Bah! Sto invecchiando, forse. Comunque fai come vuoi.

MELA: Non dovresti fumare in presenza di una donna in gravidanza.

Sipario.

"Piedi"

Personaggi:

Silide
Ste

Una fratta nel parco. Buio. Rumori di schiaffi regolari.

SILIDE (esce da dietro la fratta, ha i pantaloni abbassati): Ahi! Basta ora!
STE (da dietro la fratta): Torna qui, Silide. Vieni, carino.
SILIDE: No, no. Mi fa male, che hai preso il mio culo per tuo padre?
STE (esce): Che vuoi dire?
SILIDE: Davi gli schiaffi come se volessi farlo con qualcuno che odi dentro di te.
STE: Mica odio mio padre.
SILIDE (si riveste): Lascia stare, era una battuta.
STE: Non hai mai fatto sesso con un uomo, dunque?
SILIDE: No, mai. Non so se mi piacerà neppure quello.
STE: Un giorno proverai.
SILIDE: Penso di no. Ti ho detto che ho la ragazza... non credo mi interessi.
STE: Aspetta, non rivestirti. Lascia che continui, ti prometto che farò piano.
SILIDE: No, meglio di no. Non so se mi piace tutto questo. Mi sembra di avere sensi di colpa.
STE: Tutti noi ne abbiamo avuti, più o meno.
SILIDE: Non voglio averne di ulteriori.
STE: E perché mi hai chiesto di schiaffeggiarti sul culetto? Pensavo... pensavo ti piacesse.
SILIDE: Veramente è la prima volta che chiedo a qualcuno di farlo. Mi piace, anzi no... ho le chiappe indolenzite.
STE: Pazienza. Però non andartene, stiamo qui un altro po'.
SILIDE: A fare cosa? Vuoi guardare la luna insieme?
STE: Perché no? Nessuno guarda più la luna ormai.
SILIDE: Sei troppo romantico.
STE: A me piace sentire il palmo della mia mano che s'infrange sul tuo bellissimo culetto. Mi piace accarezzarlo (si avvicina). Mi piace sentire i peletti biondi che lo ricoprono e la morbida pelle di cui è composto provoca in me un piacere che sa d'antico.

SILIDE (si stacca da lui): Meglio finire qui. Forse avevi ragione: dovrei accontentarmi di una donna autoritaria e non cercare un uomo autoritario. Tu poi mi sembri troppo... come dire, troppo razionale.

STE: Lo sapevo. (gli dà un ceffone)

SILIDE: Ma sei impazzito? Tu sei matto, sai? Non osare più! (un altro schiaffone)

STE: Vedi come abbandono presto la ragione? È facile da fare, a volte.

SILIDE: Basta, cazzo! (gli si muove contro e accenna a colpirlo ma Ste lo butta in terra)

STE: Ti basta?

SILIDE: Sì, basta (piange).

STE (si siede su un tronco): Slacciami le scarpe, piccolino.

SILIDE: Cosa? No!

STE (lo prende per i capelli): Guardami bene, se non lo fai spacco la faccia, ti faccio vomitare sangue e sai che lo farei.

SILIDE (piangendo): Ti prego, lasciami andare...

STE: Slaccia le scarpe e toglile. E non alzare la voce!

SILIDE (fa quanto chiesto e parla a bassa voce): Va bene così?

STE: Anche i calzini.

SILIDE: Cosa vuoi fare?

STE: Leccami i piedi.

SILIDE: No, non... non voglio!

STE (lo prende per il collo): Vuoi che lasci un segno qui sul tuo bel collo? Vuoi che stringa? Ti piace se stringo forte fino a farti soffocare?

SILIDE: Sto... sto soffocando... aiuto...

STE: Me li lecchi i piedi? Di' sì con la testa e io ti lascio (Silide annuisce e lo lascia). Bravo bambino, fa' come ti ho detto (Silide gli lecca i piedi). Vedi, carino, non ho definizioni sulla vita da regalarti: essa non è né gioco né cosa seria. Da stupidi è l'interpretazione mentre da persone sagge è vivere, senza alcuna spiegazione. Io vivo per portare qualcuno nel mio cuore ma anche per allontanarlo. Tu mi hai fermato stasera: tu mi hai voluto ed ora mi abbandoni. Forse la questione da sottolineare è: nascere, godere e morire... oh, bravo, meraviglioso, non smettere... dicevo... non vale la pena morire e si è già nati, quindi non resta che godere ma è qui il punto: come godere? Come i bravi ragazzi che fottono le loro donne o gli stessi froci che tra loro s'accoppiano senza novità alcuna? Io credo che valga provare non tanto azioni sconsiderate quanto emozioni violente ed io ti ho permesso di entrare in un mondo di tensione. Sei teso, di' la verità. Guarda come scorrono le lagrime sul tuo viso, senti come la tua lingua trema mentre mi lecca il tallone o l'alluce. Metti più che puoi in bocca il mio piede, perdio! (Silide si lamenta senza parlare). Cosa credi che valga l'eccitazione? Credi forse che io me lo tocchi perché questo mi eccita? No, sarei banale: io penso che bisogni trarre ogni minima esperienza da momenti come questo, che bisogni assorbire l'urlo che proviene dentro quelli come te e trasformarlo in un'energia assoluta. Tu non capisci, ovviamente. Sei troppo terrorizzato da me per avere tempo di capire. È il tuo corpo che pensa per te ora: io avverto come gode in ogni fibra, come il tuo cazzo sia duro più che mai, come il tuo sangue fa battere le tempie, lo vedo, sai? Io vedo dentro di te. Quando tu saprai vedere dentro altri come te allora capirai. (a voce sostenuta lo guarda) A quel punto non ti basterà più nessuna interpretazione della vita perché sarai tu stesso a chiederti se è stato vano darsi continue spiegazioni e non accettare virilmente il torrente impetuoso che ti travolge! Ora basta! Levati! (scansa Silide che sputa per terra) Mi hai stancato!

SILIDE (piangendo): Lasciami andare, ti prego.

STE (rimettendosi le scarpe e alzandosi): Vai pure: ora sei dei nostri. (esce)

Sipario.

"Pelle"

Interpreti:

Gildo
Forte
Maestro

Casa di Gildo: da una parte Gildo legato completamente che penzola dall'alto con il fallo fuori; arnesi da tortura, sangue. Notte.

FORTE: E ora che facciamo? Cazzo!
MAESTRO (gli dà un ceffone): Niente panico, ovviamente.
FORTE: Sarà morto...
MAESTRO: No, respira ancora, non vedi? Io sono un professionista, sai? Non gioco per uccidere ma per far godere.
FORTE: Eppure lui implorava di smettere.
MAESTRO: Sta qui il gioco.
FORTE: Ripeto: che facciamo? Sei tu l'esperto.
MAESTRO: Innanzitutto togliamolo da lì e mettiamolo sul letto.
FORTE: Non sarebbe meglio andarsene?
MAESTRO (si avvicina e gli grida): Se sapevo che eri un miserabile verme di merda non avrei mai accettato di venire qui! Ora aiutami.
GILDO (si lamenta mentre lo tolgono dal gancio e lo appoggiano sul letto): Ahhh!
MAESTRO: Prendimi le forbici, queste corde saranno fastidiose.
FORTE: È pieno di lividi, Maestro.
MAESTRO: E anche di ferite, ha le palle gonfie e il sangue gli esce dal culo. Ha anche un paio di denti rotti ma la mascella sta bene, non sono così idiota.
FORTE: Santo cielo, non credevo che tu fossi così...
MAESTRO (con le forbici in mano): ... violento intendevi dire? Violento così? (gli infilza le forbici nella mano)
FORTE: Ahhh! Porca puttana, sei impazzito?
MAESTRO: Secondo te è pazzia manifestare la propria interiorità? Dimmelo.
FORTE: Fa male, guarda quanto sangue! Dammi uno straccio, un fazzoletto, perdio!
MAESTRO (gli dà un calcio in mezzo alle gambe): Credo che ora faccia più male questo e quindi il dolore alla mano è passato in second'ordine, giusto? (Forte si lamenta) Se non sbaglio di questo passo è semplice far dimenticare i dolori alle persone. Lo stesso con i sentimenti: un

sentimento più forte fa dimenticare uno più debole e più spiacevole. Com'è spinoziano tutto ciò! Immagino che alla tua età e con il tuo bagaglio di conoscenza non sapresti individuare una soluzione a questo problema vero? Ti rammento la cosa: se l'uomo ammette la scomparsa di dolori precedenti, morali o fisici che siano, con l'acquisizione, fortuita o intenzionale, di nuove sensazioni, allora a tutto ciò non ci sarà mai fine. Di guerra in guerra addirittura, di scempio in scempio la giustificazione pare inutile e inutile è pure la spiegazione del senso del mondo. Ora io chiedo a te, uomo, e anche a te (si rivolge a Gildo), uomo che non sei qui con noi coscientemente: quale possibile soluzione a questo problema puoi porgere? Rispondi.

FORTE: Maestro, per l'amor del cielo, sei impazzito? Non posso quasi muovermi, vuoi uccidere anche me? Cristo, quanto sangue!

MAESTRO: Credo che il pazzo sia tu a intendere che il pazzo sia io. Non voglio affatto uccidere te o Gildo, quanto mai mostrarvi la soluzione al problema.

FORTE: E sarebbe?

MAESTRO (prende una frusta): Tu hai osservato Gildo arrivare ad un punto in cui non è più possibile ulteriore dolore. Difatti è svenuto. Tu però sei stato una parte esterna.

FORTE: Che vuoi fare? Non provarci, Maestro!

MAESTRO (inizia a frustare selvaggiamente Forte): Tutto segue un ordine necessario ed immutabile. Il fatto che io stia frustandoti in questo momento è la conseguenza del tuo essere e del mio, nonché della precisa concatenazione di cause ed effetti e può essere solo così e non diversamente. Ma su tutto questo si ergono importanti quesiti: come è possibile interrompere il flusso necessario delle cose e, domanda ancora più importante, si può interromperlo?

FORTE (lamentandosi): Ti prego, basta! Aiuto...

MAESTRO (avvicinandosi a lui): Purtroppo non si può ma ti mostrerò, mio diletto compagno di merende, come possiamo realizzare un'altra serie di eventi necessari e questi a loro volta derivanti dal mio essere. (lo prende in braccio e lo porta vicino a Gildo) Non preoccuparti adesso. Non devi preoccuparti. Non dovete preoccuparvi. La soluzione al problema è che io curerò le vostre ferite. Del cambio di direzione operato dal mio cervello non ho nessun dato, né saprò mai perché la mia mano ha interrotto il suo operare. Forse un giorno riprenderà a provocare dolore in maniera inaspettata e lo farà sul mio corpo. A quel punto sono sicuro che non potrò curare me stesso.

Sipario.

"Il congegno"

Interpreti:

Eugenio Grande
Antoine Auden

Sponda del fiume Tevere, crepuscolo.

AUDEN (seduto su una pietra): Che vuoi fare amico mio? Gettarti nel fiume?

GRANDE (in piedi che ammira l'acqua): A che servirebbe? Mi ripescherebbero prima che io tocchi l'acqua. Guarda com'è cambiato il mondo: tu forse non riesci a notarlo ma io sì. Sto constatando come sia cambiato anche il tramonto.

AUDEN: Il mondo cambia, è sempre cambiato.

GRANDE: Ricordi i tramonti rosei che tingevano di arancio gran parte del cielo verso occidente? Se c'erano lembi di nuvole li vedevi carichi di rosso come fossero ferite. Ora l'aria è offuscata, il sole sembra pallido, Si parlava dei tramonti di Roma tra noi come l'aspetto più maestoso di questa città. Neppure questo io noto più.

AUDEN: Sei così malinconico, Eugenio. Che cosa ti prende? Tu sei sempre così ottimista, positivo. Mi sembri quasi un vecchio come me.

GRANDE: Sono vecchio, anche se non lo dimostro. Sono invecchiato con tutti voi no?

AUDEN: Chi ti dice nulla. Non è da tutti arrivare a sessant'anni con l'aspetto di un trentenne. Beato te! Tuttavia l'inevitabile arriva sempre... scusami, forse è l'invidia di avere un corpo avanti come il mio che guarda il tuo.

GRANDE: Antoine, guardami. Non ti accorgi che il mio volto è pochissimo cambiato, più vecchio? No... come puoi notarlo nell'arco degli anni? Ti assicuro che anche io sto invecchiando come te e lo desidero!

AUDEN: Non ti capisco, Eugenio. Sei sempre sicuro di te, certo delle tue azioni ma oggi percepisco un disagio immenso dentro, cos'hai? Tu che vuoi invecchiare. Tu che quasi mi sembri venuto fuori da un dipinto! Da tempo mi chiedo se i tuoi successi non stiano ricadendo su di te come macigni. Forse sei solo stanco... Perché mi hai invitato qui oggi?

GRANDE: Devo... devo dirti una cosa. Una cosa che mi tengo dentro da molto tempo. So che forse non riuscirò a farmi comprendere ma ho bisogno di parlarne con qualcuno. Tu devi credere alle mie parole poiché puoi vedere come siamo diversi l'uno con l'altro, quanto tempo è passato tra te e me ed io non sembro più giovane di te ma lo sono: per me il tempo è trascorso più lentamente.

AUDEN: Vai bene, vai avanti.

GRANDE: Tu sei il mio migliore amico, il compagno delle mie avventure, dei miei giochi, dei miei amori, sei colui che ha condiviso ogni mio evento tranne uno, il più importante: io ho trovato come sconfiggere il tempo. O meglio, come rallentarlo, di certo non come annullarlo totalmente ma quantro basta per vivere il doppio dell'età media dell'uomo di oggi. Potrei, continuando così, arrivare a vedere i prossimi duecento anni come se fosse uno schiocco di dita. Iniziò tutto qualche mese fa, per te invece trent'anni fa.

AUDEN: Perché ogni volta relativizzi il tuo tempo in confronto al mio?

GRANDE: Perché questo è il motivo per cui ci vediamo. Ora ascoltami: ricordi quando andavamo al mercato di Porta Pertese a cercare inutili cianfrusaglie per le nostre case? Io cercavo mobili antichi e tu stampe, poi ci fu il periodo dei libri, quello degli oggetti inutili. Insomma, tu forse non lo ricorderai ma ci fu una domenica in cui io trovai da un rigattiere un oggetto curioso. Lo ricordo ancora come fosse ora, un oggetto di legno o, almeno credevo che fosse legno: una semplicissima scatola cubica con una specie di oblò di vetro su un lato e, dal lato opposto, una specie di levetta metallica. Era tutta incrostata e il legno era consumato come se fosse stato sott'acqua, salmastro e chiaro. Me li procurai per pochissimo; chi me lo vendette non sapeva cosa fosse ma lo passò come un soprammobile. Bene, io tornai a casa e lo restaurai con pazienza, senza neppure dargli la giusta attenzione. Sai quanto mi piace restaurare le cose, portarle alla loro origine e preservarle dall'incuria del tempo. Tuttavia non sapevo cosa fosse. Ritornò ad essere come era originariamente, credo: pulito e liscio. Spinsi la levetta in su ma non sentii nulla, neppure un rumore che potesse farlo aprire e, magari, utilizzarlo come piccolo contenitore di anelli. Ci misi tempo per capire cosa fosse.

AUDEN: E cosa era?

GRANDE: All'inizio ricordo che muovevo la levetta avanti ed indietro. Quando la muovevo avanti una strana luce proveniva dalla finestra. Quando la muovevo indietro la luce scompariva. Non sapevo se fosse la mia impressione, così andai alla finestra. Fu il mio stupore a ricordarmi che ero sveglio, null'altro. Dalla finestra un nuovo paesaggio proveniva: sembrava un posto in qualche isola sperduta nella Polinesia, il mare, la foresta. Se aprivo la porta mi ritrovavo lì ma non è tanto questo che mi sconvolse. A volte puoi pensare di sognare senza saperlo. La cosa più incredibile fu che quando ero in quel posto il tempo per me non passava affatto, o meglio: passava più lentamente. Infatti quando rimettevo la levetta in senso contrario, il paesaggio svaniva e il mondo come lo conoscevo riprendeva il suo posto. Solo che il tempo era trascorso più veloce. Per questo io continuavo a rimanere giovane e sparivo per qualche tempo senza che nessuno lo sapesse. Ero lì.

AUDEN: Non posso crederci.

GRANDE: Eppure lo vedi: io ho il corpo di un quarantenne e tu vai verso i sessantacinque, come lo spieghi?

AUDEN: Ma... questo è pura follia.

GRANDE: Ho continuato ad andare nel "posto" e lì ho imparato a dosare il mio tempo: ho studiato, mi riposavo (ecco perché non ero mai stanco), ho approfittato per essere migliore di tutti. Il successo non è mancato, d'altronde.

AUDEN: D'accordo, mettiamo che sia vero, dov'è la scatola?

GRANDE: Eccola. (estrae la scatola e la fa vedere)

AUDEN: Si può usare?

GRANDE: Certo.

AUDEN: Funziona anche all'esterno?

GRANDE: Sì ma è pericoloso perché puoi scomparire per chi ti guarda all'improvviso, ricorda che il tempo scorre più in fretta qui quindi chi ti guarda non ti vede più e puoi riapparire dopo intere settimane allo stesso posto. Ti mostrerò il suo funzionamento: qui non ci vede nessuno. (gira la levetta e il paesaggio cambia diventando molto luminoso, un rumore di onde del mare)

AUDEN: Non... posso... crederci!

GRANDE (girando di nuovo la levetta): Ora basta.

AUDEN: E tu, Eugenio. Tu... cosa pensi di fare? Cosa hai intenzione di farci? Perché me la fai vedere? Perché io?

GRANDE: Sei la persona migliore che abbia mai conosciuto. So che non tradirai il mio segreto. So che capirai, quando la distruggerò, i miei motivi.

AUDEN: Distruggerla? E perché?

GRANDE: Non essere attratto dal suo potere come lo fui io. È una pura illusione quella di voler vivere per sempre o attraverso gli anni. Io ho perso alcune persone a cui tenevo, non avrò altri amici quando ti perderò, né posso dire di stare al passo con questo mondo che cambia così in fretta. Capisci? Per me il tempo è lo stesso ma non riesco a tenere dietro al vostro! Io mi sento morire, credimi! Vedo la gente morire e vedo un mondo che non è più il mio, al quale non posso dire di aver contribuito, poiché il mondo ha viaggiato, in gran parte, senza di me!

AUDEN: Potresti utilizzarla di rado, ogni tanto. Per sfuggire ad una realtà noiosa ed ordinaria.

GRANDE: Credi che non ci abbia provato? All'inizio credevo di farcela ma poi ti prende come una droga. Anzi è una droga: ti fa vedere cose che non esistono, un altro te stesso in un'altra dimensione.

AUDEN: Cosa hai intenzione di fare dunque? Distruggila, se ti assilla così tanto.

84

GRANDE: Non è facile. Il fascino della scatola è immenso. Ti ammalia come una donna, ti prende l'anima, credimi!

AUDEN: Fammi capire. Da un lato non vuoi più continuare così e dall'altro non hai intenzione di fare nulla. È un controsenso. Perché allora hai voluto che io sapessi tutto? Per cavarti da dentro un peso? Oppure per sentirti meglio, per avere una giustificazione al tuo operato che anche tu, nell'intimo, ritieni essere mostruoso?

GRANDE: Non lo so. Forse hai ragione tu.

AUDEN: Magari pensi che sfogandoti con me puoi trovare un nuovo sprone.

GRANDE: Magari, sì.

AUDEN: Forse una soluzione al tuo problema.

GRANDE: Forse, sì.

AUDEN: Onestamente non saprei come risolvere questa questione. Da un lato tu sei talmente ossesionato da questa scatola che non riesci a liberartene ma sei anche ossessionato dalla tua vita che sta andando più lentamente del tempo stesso, anche se i tuoi successi denotano il contrario. Un barlume di soluzione c'è ma è abbastanza doloroso.

GRANDE: Quale? Ti prego, dimmelo. Farò di tutto per seguire i tuoi consigli.

AUDEN: Dovresti seguirne uno solo. E il consiglio è: continua a vivere comunque! (prende dalle mani di Grande la scatola e la getta nel Tevere)

GRANDE (gridando): No! Cosa hai fatto! (Auden lo ferma)

AUDEN (tenendolo): Ti ho risolto il problema, Eugenio. Cosa ti aspettavi?

GRANDE: Non è possibile. Non posso resistere! (si divincola e si getta nel fiume)

AUDEN: Comunque seguirai il mio consiglio.

Sipario.

85

"Gambone"

Interpreti:

Gambone
Amerinda
Luana

Amerinda e Luana in aperta campagna romana con un sacco, notte.
Gambone è nel sacco, incosciente.

AMERINDA: Non devi essere triste.
GIUDECCA: Ho ucciso e non dovrei?
AMERINDA: No davvero. Non ti sei mai chiesta cos'è la morte?
GIUDECCA: Mai prima d'ora.
AMERINDA: E cosa pensi a riguardo?
GIUDECCA: Che mi intristisce, tutto qua. Solo... un poco triste.
AMERINDA: Era un figlio di puttana. Per questo non devi essere triste.
GIUDECCA: E se ci scoprissero?
AMERINDA: Sarai preda del rimorso, amore mio? (le si avvicina e la bacia)
GIUDECCA: Spero mai, mio amore. Mai.
AMERINDA: Bene, ora diamoci da fare. È solo perché non voglio sporcarmi le mani che non gli taglio il cazzo con un coltello. Tanto non saprei che farmene ma è tale la furia che ho di fargli del male che... che...
GIUDECCA: Ormai non sentirebbe nulla di più.
AMERINDA: Direi che qui può andare bene. Non ci vedrà nessuno in questa notte così nera.
GIUDECCA: Non lo sotterriamo?
AMERINDA: No, ovviamente. Siamo senza pala. Dovremmo ritornare e sarebbe percioloso. Visto che siamo qui con la sua auto, cercheremo di ritornare a piedi. Hai preso la torcia?
GIUDECCA: Sì... ma non possiamo dargli almeno fuoco? Non lo riconosceranno così.
AMERINDA: Ma il fuoco si vedrebbe da chilometri eppoi con questo caldo...
GIUDECCA: Accidenti, almeno a sfigurarlo con l'acido.
AMERINDA: L'hai portato tu?
GIUDECCA: No.
AMERINDA (alterata): E allora che cazzo te ne frega? Con l'acido, ma che razza di idee ti vengono? Non hai visto come velocemente si è svolta la

86

cosa? Non ti ricordi già più che è stato un miracolo che non ci abbia visto nessuno uscire dalla villa? Merda!

GIUDECCA: Non ti arrabbiare, mio amore.

AMERINDA: A volte sei così... così svampita che mi fai incazzare.

GIUDECCA: Lo so (triste), lo so.

AMERINDA (abbracciandola): Su, va bene, va bene. Andiamocene, non voglio vederlo mai più questo pezzo di merda.

GIUDECCA: Era davvero un pezzo di merda?

AMERINDA: Certo, non ti ricordi come ha reagito la prima volta che ci ha sorpreso insieme e stasera poi? Se non fosse stato per te che gli fracassavi la testa con quella mazza mi avrebbe violentata con quella pistola sparandomi in figa.

GIUDECCA: La mazza!

AMERINDA: Dov'è? Dove l'hai lasciata?

GIUDECCA: A casa, a casa!

AMERINDA: Oh merda! Dobbiamo subito andare e prenderla. Poi la bruceremo nel caminetto, meno male che è di legno. Dovremo pulire tutta la casa di qualsiasi elemento che possa ricondurre a lui, impronte, macchie, va bene?

GIUDECCA: Lo so, l'hai già detto.

AMERINDA: Sbrighiamoci. Meno male che questa notte è senza luna.

GIUDECCA: E le impronte in macchina?

AMERINDA: Hai dimenticato che porti i guanti?

GIUDECCA: Oh, è vero (ride).

AMERINDA: Santo cielo. Ed io che ti amo (se ne vanno).

Gambone si lamenta dentro al sacco dopo un bel po' che le due se ne sono andate dimenticandosi i fari della macchina accesi. Si contorce nel sacco, tossisce, urla flebilmente frasi disconnesse. Alla fine squarcia il sacco ed esce come da una vagina, completamente coperto di sangue che scorre dal capo.

GAMBONE: Dolore... solo dolore, solo il dolore importa. Il dolore circonda il corpo come una guaina... trasparente placenta di noi nati morti... maledire la donna. Maledire soltanto e punire, come cosa di poco conto, la nascita della donna... io muoio! Occhi mi guardano... è notte? Cosa è l'amore mi chiedo ora. A cosa serve la mia vita in questo... alla fine io cado nel fango. È notte adesso? Quanta notte abbiamo dentro il nostro sacco (esce dal sacco ma rimane a terra) Non ce la faccio a sopportare alcun peso... io sono caduto nel basso ventre della terra e non mi muovo più. (si lamenta e si tocca la testa) Non ricordo nulla ma le immagini scorrono davanti come vecchio cinema del quartiere, quando ci rompevamo il culo per entrare. Esco fuori un attimo a vedere se è ancora notte ma... non scoccano le tre non scoccano le ore ed io muoio senza vedere una donna. Chi è davanti a me? Chi sei, donna: ah, sì! Mi sorridi mentre urli, mentre facciamo all'amore, mentre ti colpisco, mentre usi un bastone per colpirmi! Forse è meglio... la donna ragna nella tela si scopre le mutande in cambio della mela... io ricordo solo cose che si muovono e loro si muovevano insieme nel letto... ah! la testa! Il letto che ondulava come i corpi sinuosi di quelle due cagne... ecco! cagna fa rima con ragna... ecco! tutto torna ed è ancora notte. Cos'è questo? Cosa... liquido è questo? (si guarda le mani piene di sangue) Tutti i miei pensieri su queste mani escono dalla testa senza voler rimanere. Le due donne che hanno peccato non sono state punite ed ora vagano nel mondo... la notte mai finita del mondo. Quale peccato? Dimmi... notte che hai preso corpo: il peccato di metterti da parte come uomo. Questo peccato senza ritegno, mi stai dicendo, notte? Vorrei... vorrei fotterle entrambe con un cazzo lungo e appuntito come una lancia e trapassarle da parte a parte incollandole al loro letto non più verginale... il letto della notte... morire vorrei vederle ma chi sono queste due puttane... ma dove sono? io dove sono? (cerca di alzarsi) Ormai non conto più come parte del mondo essendomi staccato da questo... non ho più possibilità di amare, lo sento: non ho più sentimento. È ancora notte, vedo, o notte e ci sei a ricordarmelo. (si alza e inizia a vagare) Tutto è buio... qualsiasi periferia è meglio di questo stato... e vado a cercare se esiste ancora... io vado... la donna... non esiste più, non esisto più. Ci si abitua al dolore ma non ci si abitua alla morte, per cui sono fortunato. Mi fa male tutto ma è sopportabile al senso di distanza che provo... i pensieri ormai sono tutti usciti fuori... chi sono, dove sono? eterne domande. Di chi parlavo? Guarda, guarda: non è più notte. (cade a terra senza più muoversi)

Sipario.

"Sudore"

Interpreti:

Valfa
la Puta
Mirko
Luc

In una sauna. Pomeriggio.

VALFA: Mi hai rotto i coglioni, Puta. Se ti sta dicendo che è innamorato, lo è veramente, non credi?
LA PUTA: Lascia stare, costoletta appassita. Non ne posso più di ascoltare il piccolo Luc che si innamora una volta al giorno...
LUC: Non essere la solita rompi, Puta. Lo sai che vengo sempre lasciato da tutti e osi dire che sono io un acchiappamariti?
LA PUTA: Io so solo che il mio cervello avrà seri problemi se continuo ad ascoltare le tue cazzate: non ne posso più di sentirti dire che hai conosciuto questo e quello e che fai questo e ti fai quello, con una media di due volte al giorno.
VALFA: Forse perché tu, cosciotto di maiale in perenne calore, non riesci mai a scoparti qualcuno.
LUC: Che c'entra scopare? Io sto parlando di amore.
LA PUTA (ride): Tesoro mio, l'amore è scomparso al giro del secolo... precedente.
VALFA: Ah sì? E allora tu tre mesi fa chi hai conosciuto? Non ti sei innamorata di un bel tizio alto, elegante, serio e hai detto a destra e manca che eri pazza di lui e che dovevate comprare addirittura casa insieme. Te lo ricordi Luchino mio, quante arie si dava questa qui? L'hombre de la mi vida. Ma finiscila, cretina!
LA PUTA: Sei sempre la solita a torturarmi non è vero? Ti ci vorrebbe a te una bella pannocchia dal sapore vero.
LUC: Finitela tutti e due, comunque questa volta è diverso. Usciamo anche stasera.
VALFA: Anche stasera? Davvero?
LA PUTA: E sarebbe la seconda sera?
LUC: La terza.
LA PUTA: Allora è amore. Ai miei tempi dovevi aspettare almeno tre mesi, diceva un mio vecchio amico.
VALFA: Hai detto bene: ai tuoi tempi. Ormai i giovani sono cambiati.
LUC: Ha parlato il nonno.

LA PUTA: La nonna, semmai. Ma dimmi, gentile puttino dalla carnagione chiara, che tipo è questo qui? Che lavoro fa? Almeno dacci qualche dato su cui parlare.

LUC: Non mi va, lo fareste a pezzi come i precedenti.

VALFA: Lo vedi che hai combinato, Puta? Luchino non si fida più di te e anche di me. Sei terribile, sei... una stronza, ecco!

LUC: Ma no, è che... non so. Non riesco ad identificare bene quest'uomo. Dice poco di sé.

LA PUTA: Certo, se passate tutto il tempo a scopare gli rimane ben poco: tu devi pure tornare a casa di mammà.

LUC: Ti ho già detto che non scopiamo, cioè... abbiamo fatto qualcosa ma... qualcosa ho detto! (ridono) Che ridete?

VALFA: Lascia stare Luchino e dimmi: quanti anni ha?

LUC: Credo trentacinque, non arriva a quaranta. Alto, muscoloso, moro, bel tipo. Mi coccola molto, mi stringe a sé, dice che vorrebbe avermi sempre al fianco.

LA PUTA: E non avete scopato.

LUC: No, ti ho detto.

LA PUTA: Ok, ok, perché non crederti figlio adorato? Oddio come per un istante non mi sono ritrovato avere vent'anni di meno.

VALFA: Trenta vorrai dire.

LA PUTA: Uffa, scema. Ascolta piccolo fiorellino tra i cardi, non ti montare la testa. Quello vuole solo una cosa da te, o due al massimo, e poi ti lascerà cadere come un petalo, lo sai questo? Anche se non credi dentro di te che andrà così, stanne certo, te lo dice la zia. (squilla il cellulare di Luc)

LUC: È lui! Zitte tutte e due ora! Pronto?... Sì, sì. Sono... in sauna con un paio di... amici. Sì, amici, perché? No, credevo... Va bene. In quella vicino alla stazione, la conosci? Ah, sei qui vicino... D'accordo, a fra poco.

LA PUTA: E allora? Non dirmi che sta venendo qui. Lo dicevo io, quello vuole solo una cosa.

VALFA: Perché? Vuole conoscere i suoi amici.

LA PUTA: Io non mi faccio vedere.

LUC: Perché no?

LA PUTA: Perché non voglio che mi scambi per... insomma, non voglio e basta.

LUC: Sei proprio strana.

LA PUTA: Io vado nella saletta accanto (fa l'occhiolino), tanto c'è possibilità di vedere comunque. Ciao, ciao! (se ne va)

VALFA: Io rimango, così ti reggo il gioco altrimenti penserà che eri qui a rimorchiare.

LUC: Spero proprio di no. Eccolo, di già. Era proprio vicino. Ciao Mirko!

MIRKO: Ciao Luca.

LUC: Non chiamarmi così, sembri mio padre; per tutti sono Luc.

MIRKO: Hai ragione, scusa. Io sono Mirko, piacere (ricolto a Valfa).

VALFA: Mi chiamo Valfa, sono un amico di Luc.

LUC: Eri... eri nelle vicinanze davvero.

MIRKO: Sì, te l'avevo detto. Mi piaceva stare con te un pochino prima di vederci stasera.

VALFA: Vi lascio soli gente.

MIRKO: No, no, non preoccuparti. Offro da bere, mi accompagni al bar, Luc? (escono)

LA PUTA: Valfa, porca puttana!

VALFA: E smettila, sempre a offendere.

LA PUTA: Ma no, scema. Dicevo così perché quel tipo lo conosco.

VALFA: Non mi dire. E così Luc frequenta un tuo ex di bordello.

LA PUTA: No, non è così. Ne sono certo, quello è Marco T. l'investigatore privato.

VALFA: Ma che cazzo dici?

LA PUTA: Io non mi sbaglio sulle persone lo sai. Eppoi di là con me c'era anche Cotonelle, te la ricordi quella che andava in giro con i capelli vaporosi? Bene, abbiamo avuto all'epoca un alterco con lui perché uno stronzo ci aveva messo alle calcagna questo Marco T. per vedere se vendevamo droga ad un altro tizio, insomma una storia del cazzo.

VALFA: E come andò a finire?

LA PUTA: Che cercammo di menargli ma lui ci riempì di botte. Hai visto che cos'è?

VALFA: Ho visto, ho visto. Notevole. E come la mettiamo con Luc? Dobbiamo avvertirlo.

LA PUTA: Ma che sei scema? Non ora. Io vado di là, non deve vedermi. Tu fa' la generica e cerca di capire se ha delle mire verso di lui. Quello stronzo la pagherà una volta per tutte.

VALFA: Che intendi fare?

LA PUTA: Voglio che tu dica a Luc la verità stasera stessa, prima di incontrarlo di nuovo. Voglio che quello stronzo sia messo davanti al fatto. Io scommetto che i suoi lo stanno facendo pedinare per appurare se il figlio è frocio o meno.

VALFA: Non potrebbero chiederglielo semplicemente?

LA PUTA: Ehi, li ho inventati io i genitori? Che ne so! Di te si fida di più, se glielo dico io come minimo pensa che sono invidiosa. A dopo.

VALFA: E come faccio? Porca puttana che situazione! Povero Luc. Quante batoste. Una più una meno, diventerà alla fine come noi.

Sipario.

"Condilomi"

Interpreti:

Brett
Pikachu

Interno di una dark room in un locale gay della periferia romana, ombre.

PIKACHU: Eccoti, finalmente.
BRETT: Avevo perso il tuo numero di telefono.
PIKACHU: Balle. Ti cercavo per spaccarti il muso, stronzo.
BRETT: A me? E perché?
PIKACHU: Dimmi la verità, tu hai i condilomi vero?
BRETT: Io... perché? Cosa...
PIKACHU: Ce li hai, lo vedi? Mi ricordavo bene. Ti sto cercando da mesi e nei locali più schifosi, come questo, per avere una conferma.
BRETT: E allora? Non è un male esserseli presi.
PIKACHU: È un male se non dici all'altro col quale vai a letto che hai dei brufoli sul cazzo che non sono brufoli, lo capisci, merda?
BRETT: Beh, non mi andava e comunque non ci sono alte probabilità di trasmissione, e poi si curano benissimo.
PIKACHU: Ma sei proprio stronzo sai? Ti ricordi che me lo hai messo dentro senza preservativo e ti ho chiesto se eri un tipo a posto e tu hai pure detto di sì. Quante promesse nei pochi giorni che siamo frequentati, eh? rimango comunque un idiota!
BRETT: Non urlare. Andiamo fuori.
PIKACHU: No, rimaniamo qui.
BRETT: Te li sei fatti togliere?
PIKACHU: No... no. E tu?
BRETT: Ho troppa paura che mi brucino il pisello con quella storia dell'azoto liquido. E tu? dimmi: avevi paura?
PIKACHU: Non avevo paura. È che... sì ho avuto paura. Strano no?
BRETT: No, non è strano.
PIKACHU: Non toccarmi... lasciami.
BRETT: Ti sto solo accarezzando. Lo trovi curioso in questo posto?
PIKACHU: È che ho sviluppato un senso di repulsione nel fare sesso. Non lo faccio da allora.
BRETT: Sei troppo preso dal problema, c'è il profilattico.
PIKACHU: Non toccarmi così, Brett. Lo sai che mi piaci comunque.
BRETT: Volevi spaccarmi la faccia e invece?
PIKACHU: Sto, sto godendo, cavolo! Come è possibile?

BRETT: Che dici, sei eccitato?

PIKACHU: È bellissimo, cazzo. Sto godendo come non mai e per causa... dei condilomi.

BRETT: Cioè?

PIKACHU: Mi premono sul buchetto e mi danno un'eccitazione terribile, senti anche qui come sono eccitato.

BRETT: Però, avevo quasi dimenticato che avevi un bel pacco.

PIKACHU: Sarebbe bello farlo insieme, no? Tu hai i condilomi davanti ed io dietro. Non avremmo problemi dunque.

BRETT: Beh, sarebbe eccitante. Facciamolo qui, spogliati, toccamelo come sai fare tu.

PIKACHU: Sei bellissimo, Brett.

BRETT: Anche tu, fammi sentire. Al tatto mi piacciono, senti come sono eccitato io invece.

PIKACHU: Però, sei un vero toro. Che me ne frega dei condilomi? Pensa a fottermi, maschio. Andremo dal medico a farci controllare il culo in settimana.

BRETT: Non hai più paura di averli?

PIKACHU: No, affatto, spero che rimangano il nostro comun denominatore per un bel po' di tempo.

BRETT: Speriamo. Vòltati.

Sipario.

"Mestruo"

Personaggi:

Dummo
uno sconosciuto

Notte a Valle Giulia; un debole chiarore di luna illumina la radura. Dummo e lo sconosciuto stanno facendo all'amore nei cespugli. Mugolii. Dummo ha i pantaloni abbassati.

DUMMO: Non vuoi dirmi neppure come ti chiami?
SCONOSCIUTO: No, non voglio... accidenti... eccomi... vengo!
DUMMO: Anch'io... Ah! (ansimano)
SCONOSCIUTO: Per un pelo non me lo facevi ammosciare.
DUMMO: Non è mica un male chiedere il nome.
SCONOSCIUTO: Che importanza ha? Volevi un cazzo e lo hai avuto.
DUMMO: Non importa. Uff! Che bella serata. Che sudata, eh?
SCONOSCIUTO: Già: hai un culo da favola. Magari ci si può risentire. Potremmo incontrarci per scopare in maniera più comoda, che ne dici? Ti farei vedere le stelle.
DUMMO: Che romantico. Lasciami il cellulare, io vivo con i miei.
SCONOSCIUTO: Ancora con i tuoi? Qui siete tutti pariolini!
DUMMO: Se potessi, me ne andrei oggi stesso.
SCONOSCIUTO: Immagino per le ragioni solite: non sei compreso a casa, vuoi vivere la tua vita da gay...
DUMMO: È che alle volte mia madre è terribile. Pensa che prima di uscire mi ha detto che succedono cose immonde e bruttissime a chi compie azioni proibite. Secondo me sa tutto e vuole solo tirar fuori i sensi di colpa che ho.
SCONOSCIUTO: Forse ha paura che ti possa succedere qualcosa.
DUMMO: Tutti rischiamo di continuo. Io prendo le mie precauzioni, lo hai visto. No, è che lei alle volte sa farmi uscire da dentro le paure più remote.
SCONOSCIUTO: Non ci pensare. Pensa alla serata che abbiamo passato.
DUMMO: C'è una luna bellissima. Sarà meglio rivestirci.
SCONOSCIUTO: Che cos'hai là?
DUMMO: Dove?
SCONOSCIUTO: Sulla pancia, fa' un po' vedere...
DUMMO: Ma cosa...
SCONOSCIUTO: Cazzo, ma è... sangue!
DUMMO: Sangue, non è possibile, mi devo essere ferito con gli arbusti.

SCONOSCIUTO: Anche sulle mani, sul viso, hai sangue addosso. Ma che ti succede? Porco... non voglio entrarci, merda! (se ne va attraverso le fratte)
DUMMO: Aspetta, non lasciarmi qui! Non lasciarmi solo! Che mi succede, ho tutto sangue addosso, Cristo! Non se ne va, esce dappertutto. Aiuto! Aiuto! Oh, Dio mio! Aiuto! Mamma, mamma! Non lasciarmi qui tutto solo. (piange e si accascia a terra seminudo) Ti prego aiutami, mamma, non lo farò più. Non lo farò più!

Sipario.

"Il raddrizzatore di cazzi"

Personaggi:

Stupe
Hannu
Rondo

Casa di Hannu. Stupe e Hannu parlano mentre prendono un tè.

STUPE: Non mi hai ancora detto perché hai voluto vedermi con tanta fretta.
HANNU: Non è che avevo fretta: è che ho riflettuto molto sulla chiacchierata che abbiamo fatto l'altro giorno. Il mio cervello si è messo in moto ed ha trovato una soluzione adatta per te.
STUPE: Mi fa piacere. Riguardo cosa?
HANNU: Hai una memoria corta caro mio. Lascia che te la rinfreschi. Correggimi se sbaglio: per tua costituzione la somma dei tuoi problemi sembra essere il rapporto che hai con gli uomini e la mancanza di risolutezza verso te stesso per quel che concerne la tua sessualità.
STUPE: Vai avanti.
HANNU: Non devo infatti girare attorno alla cosa per dirti che tu sei un omosessuale ma che ovviamente non vorresti esserlo. Il fulcro è l'accettazione di te stesso, al solito. Tutto coincide con questo piccolo, ma non insignificante, elemento.
STUPE: E quindi?
HANNU: Ho pensato: ma se Stupe invece aggirasse il problema, cercando di risolvere una ricerca interiore ma anche oggettiva? Cioè se tu, anziché cercare di accettare te stesso, cercassi qualcosa per cui valga la pena riflettere sulla cosa in sé anziché sulla tua problematica?
STUPE: Forse sarò tardo ma non ci ho capito nulla.
HANNU: Insomma: questa tazza qui sei tu mentre le foglie del tè sono i tuoi problemi, in particolare la tua mancata accettazione del fatto di essere frocio. Ora, se tu usi un colino, cioè un surrogato oggettivo, che non altera il fatto che alla fine comunque ci sarà del tè nella tazza, comunque non ti ritrovi più le foglie all'interno.
STUPE: E come la mettiamo con i biscottini?
HANNU: Oh insomma, Stupe. Sto cercando di aiutarti.
STUPE: Grazie, Hannu. Ti conosco da tanto e so che sei sincero con me ma la questione è semplice. Alle volte io provo dell'attrazione sessuale per i maschi ma molto di rado. Rimango comunque attratto dalle donne,

quindi... cos'altro sono se non un bisessuale ovvero un omosessuale occasionale?

HANNU: Dio, che conquista di termini dall'altro giorno in cui ci siamo incontrati! Lascia fare a me. Ho pensato di invitare un amico molto particolare.

STUPE: Hannu, ti avevo detto che non voglio conoscere nessuno dei tuoi amici, non mi va di frequentare checche e ragazzini che sembrano più donne che non. Oh, scusa, non intendevo offenderti.

HANNU: E chi si offende, caro mio. Tuttavia la mia soluzione è questa: tu dovresti andare alla ricerca di cazzi da raddrizzare.

STUPE: Che? Non ho capito.

HANNU: Come ben sai l'organo maschile è molteplice come fisionomia. Si dice che non ce ne siano due uguali, come le impronte digitali. La mia esprienza dice che è vero. Tranne però che esistono due somme categorie: i cazzi diritti e quelli storti, che sono pure i più interessanti perché più duri.

STUPE: E io che dovrei fare? Raddrizzarli?

HANNU: Certo, tu saprai come fare. Per questo ho chiamato il mio amico Rondo, abita fuori città ma dovrebbe essere qui a momenti.

STUPE: Fammi capire. Io ti confido che ho difficoltà ad accettare che vado a farmi fare un pompino da un altro maschio e tu te ne esci che dovrei raddrizzare dei cazzi? Io non ho mai toccato con la mano un altro pisello che non sia il mio!

HANNU: E dai, lasciati aiutare. In pratica chi ha il cazzo storto è una minoranza, sto parlando di quelli storti e non di quelli piegati a destra o sinistra a seconda di come si tirano le seghe...

STUPE: Mi sembra un'idea assurda.

HANNU: Tu come ce l'hai, mio caro? Storto?

STUPE: Io no! Ma che dico? Hannu, non voglio entrare in dettaglio con queste... (suonano alla porta)

HANNU: Ecco Rondo. (va ad aprire)

STUPE: Secondo me tu sei pazzo. (entra Rondo con Hannu)

HANNU: Rondo questo è Stupe.

RONDO: Piacere, Hannu mi ha parlato molto di te e credo che abbia ragione. Risolve sempre i problemi, sai?

STUPE: Io... non... piacere, comunque.

HANNU: Stupe, io vado di là e vi lascio soli. La cosa devi risolverla in ultima analisi, per conto tuo quindi non è giusto che io stia in mezzo ai piedi. A dopo. Rondo, tirati giù pantaloni e mutande, se le porti. (Rondo esegue; Hannu esce)

STUPE: Rondo, io... non credo che... accidenti!

RONDO: Hannu mi ha detto che avevi bisogno di vedere come era un cazzo storto.

STUPE: Sì, cioè no! No, non era questo.

RONDO: Ora tocca a te cercare di raddrizzarlo. Provaci, vedrai che ti aiuterà a risolvere il tuo problema.

STUPE: Ma tu sei pazzo, voi siete pazzi.

RONDO: Perché continui a fissarlo, allora?

STUPE: Niente, è che non avevo visto neppure un...

RONDO: Uno così grosso? In effetti che senso avrebbe raddrizzare una cosa moscia e piccola? Avanti prova. Se ci riesci, allora hai risolto!

STUPE: Io non saprei come fare... va bene così?

RONDO (godendo): Benissimo, continua a raddrizzarlo. Secondo me guarirai in fretta dai tuoi problemi. Prova con la bocca e non solo con le mani. Se non funziona, proveremo con altro.

Sipario.

"Capelli"

Interpreti:

Dira
Ferro

Camera da letto. Dira e Ferro nudi sul letto.

FERRO: Che c'è che non va, Dira?

DIRA: Te l'avevo detto.

FERRO: Santo Dio, non puoi fare così. Quando ci siamo conosciuti pensavo di piacerti.

DIRA: Infatti e mi piaci tuttora ma è come hai detto tu: quando ci siamo conosciuti, cioè quell'istante in cui ti ho visto per la prima volta io credo di essermi innamorata di te.

FERRO: E allora perché ci sono problemi?

DIRA: Io so che posso apparirti come una pazza ma non riesco a fare all'amore con te finché tu rimani così, finché tu non ritorni ad essere come quando l'abbiamo fatto per la prima volta.

FERRO: Questo è assurdo, Dira. Io non posso mettermi la parrucca ogni volta, lo capisci? È... è degradante per un uomo fare sesso con la propria donna vestito lui stesso da donna!

DIRA: Senti, non ho scelto io di essere così.

FERRO: Ma che vuol dire? Ascolti mai quello che dici? Tu mi hai conosciuto durante uno spettacolo – io sono un attore ricordi? – e ci siamo piaciuti ma non sono una checca che va in giro conciato e gode del suo travestimento! Poi... (le si avvicina) ti ho dimostrato di essere niente male come maschio, no?

DIRA: Certo... anzi, non ho mai goduto in vita mia così, te l'ho detto.

FERRO (la bacia): E allora cerca di rilassarti, mio tesoro...

DIRA: Non... non sei affatto male, amore mio ma..., scusami, non ce la faccio. Non ho... insomma se vuoi scoparmi scopami ma a me non va!

FERRO (si scosta): Certe volte voi donne sapete come fare stare un uomo.

DIRA: Scusami...

FERRO: Come facevi con gli altri uomini? Racconta.

DIRA: Raccontarti la mia vita sessuale? Ti ho accennato che ho avuto un solo uomo e poi... poi ho cercato di stare con qualche donna ma non ha funzionato. Il problema è che sono attratta dal maschio che non appare tale. Tutto qui. Non sono una lesbica.

FERRO: Questo lo posso credere (sorride).

DIRA: Sei un idiota.

FERRO: E va bene, sono un idiota. Io sono sempre un idiota con le donne.
DIRA: Forse sono stata attratta dalla tua figura perché... ecco, non vorrei dirtelo ma quando mi hai presa quella sera, nel camerino, mi sei sembrato un'altra persona. Una persona forte, autoritaria più che non... adesso.
FERRO: Cosa? Ci manca pure questa: io sarei più maschio vestito da donna?
DIRA: Volevo dire che alcune sensazioni non si possono spiegare, che sono il frutto di tante connessioni del nostro animo, del cervello e che so io. Avevi anche un diverso sguardo negli occhi, quando mi hai presa e baciata, oh! Come ricordo ancora con i brividi quella sera e tutte le successive nel camerino per la stagione in cui tu rappresentavi lo spettacolo. Poi sei partito ed oggi, al tuo ritorno, ho definitivamente ammesso a me stessa che era proprio quella tua diversa personalità ad affascinarmi ed eccitarmi.
FERRO (si alza e si siede davanti ad uno specchio, prende la sua borsa da terra e inizia a truccarsi): Pensi quindi che faresti ancora all'amore con me se diventassi... lei?
DIRA (voltata senza guardarlo): Certo. Mi sono sempre chiesta se la mia vita avesse avuto bisogno di scandagliare la mia interiorità in maniera assoluta per sentirmi realizzata nell'amore. Credo che invece avessi voglia di scandagliare la persona che avevo accanto, di vedere quanto realmente si manifestasse a me la sua parte più nascosta e vera.
FERRO: E... trovi che la mia parte più nascosta e vera sia... lei?
DIRA: Per quanto mi riguarda, per quanto ha a che fare con il mio sentimento, sì. Perché negarlo? Non è solo il fatto di non riuscire a fare all'amore con te, di non realizzare l'aspetto erotico. Ho bisogno di sentire altro, di avere sopra di me una parte dominante, che domini anche la mia vita, che mi tiri fuori anche prendendomi per i capelli da quel mare di merda in cui mi sento vivere.
FERRO: E pensi che lei potrebbe salvarti? (si alza truccato da donna e va verso di lei)
DIRA: Perché no?
FERRO (avvicinandosi la sfiora): E se ti accorgessi di essere innamorata più di lei che di me?
DIRA: Non è così, lo sai: tu e lei siete la stessa persona. Lei gode attraverso di te (sospira al tocco di lui).
FERRO: Non ho mai pensato un solo momento a lasciarti, Dira.

DIRA: Non ho mai pensato un solo momento che mi lasciassi Luciana (iniziano a fare all'amore).

Sipario.

"Amore"

Interpreti:

Gore
Marr

Casa di Marr, notte. I due stanno facendo sesso.

GORE: Amore mio.
MARR: Amore mio.
GORE: Vengo...
MARR: Anch'io... (silenzio)
GORE: Mi ami?
MARR: Ti amo.
GORE: La mia vita non avrebbe senso senza te.
MARR: Davvero?
GORE (si siede e dà una sigaretta a Marr, il quale rifiuta): Certo, lo metti in dubbio? Sai che con te io mi sento completo, quasi al limite della perfezione.
MARR: E cosa manca alla perfezione?
GORE: Cosa? Nulla... la perfezione non si raggiunge mai.
MARR: Io l'ho raggiunta. Con te.
GORE: Ora... è ora di andare.
MARR: Perché?
GORE: Lo sai: è tardi. Devo tornare alla mia vita di sempre.
MARR: Perché?
GORE: Che intendi dire (la sua voce si fa dura)? Avevamo fatto un patto, o no?
MARR: Certo... un patto. Io lo sto eseguendo...
GORE: Anch'io e la cosa funziona bene, immagino.
MARR: Bene, sì. Funziona bene.
GORE: Sento un tono che non capisco.
MARR: No, no. Nulla.
GORE: Guardami, Marr. Sei il mio amore, vero? Sei la persona che amo, lo sai?
MARR: Sì... (Gore gli dà uno schiaffo)
GORE: Ti sei innamorato sul serio. Di' la verità! Porca puttana! Ti avevo anche avvertito.
MARR (a voce alta, arrabbiato): E come potevo prevedere? Il gioco all'inizio era bello, senza problemi ma poi... cazzo! (si massaggia la guancia)

101

GORE: Beh... anche questo potrebbe rientrare nel gioco. Io e te che litighiamo, no? Non ti sembra? Immagina: Gore e Marr che litigano... scusa amore mio, ti ho fatto male? Scusa non lo faccio più. (si abbracciano)

MARR: Non fa niente, amore mio.

GORE (lo guarda): No... non funziona, merda! Non funziona! (si allontana)

MARR: Gore, ma tu non provi davvero nulla per me?

GORE: Tu devi essere pazzo, cosa vuoi che provi per te? Se non ricordo male il patto era molto ferreo: nessun sentimento oltre la recita. Ma lo capisci? Io non riesco ad amare un uomo, non ce la faccio.

MARR: La verità è che sei un ipocrita. Tu non vuoi amare ma ne sei capace. Credi che non senta le tue parole dentro di me come sento il tuo corpo? Io vedo quasi le tue parole.

GORE: È solo finzione, lo sai.

MARR: La mia non è finzione.

GORE: Non so cosa farci. Prendila così, Marr. Io non ti amo. Fine. Non dobbiamo più vederci.

MARR: No! No, ti prego, aspetta. Ho sbagliato. (ride) Forse non avrei dovuto calcare così tanto le battute... mi hai creduto, davvero? Davvero hai creduto che io ti amassi? E che occhi dolci ho fatto... Notevole non credi? Me li sono guadagnati anche stavolta i tuoi soldi.

GORE: Sì... ma...

MARR: Ma cosa?

GORE (prende il portafoglio): Niente, tieni, ecco qui quel che ti devo.

MARR: Sei per me una fonte di reddito costante, lo sai? Spero di continuare a vederti. Non fare lo stronzo: tu vuoi vedermi ancora non è vero?

GORE: Certo. Ma non mi è piaciuto il pezzo che hai fatto, non era nel nostro accordo.

MARR: Ho voluto solo uscire fuori dal cliché originario.

GORE (si inizia a vestire): Non me ne frega un cazzo! Sono io che pago e tu devi ubbidire, devi fare quello per cui sei pagato. Cioè semplicemente fingerti il mio amore e basta. Scopare con me e basta. Non parlare di altro, non uscire dai binari almeno mentre dura la cosa, va bene?

MARR: Non ti inquietare.

GORE: Inquietare? Ringrazia a Dio che non trovo altro sulla piazza di questo paese di merda dove sono condannato a stare, altrimenti ti avrei già buttato nel cesso.

MARR: Vattene a fare in culo!

GORE: Io sono una persona che lavora duramente ed ha bisogno del suo mondo privato e deve uscire da qui sollevato. Invece oggi mi sento incazzato, più che non avessi fatto una riunione di merda!

MARR: Va bene, calmati adesso. La prossima volta ti garantisco che farò esattamente come tu chiedi. Esattamente.

GORE (si calma): Esattamente?

MARR: Contaci, che motivo avrei di alterare il nostro piccolo accordo economico?

GORE: Bene, ci vediamo giovedì allora. Ti voglio in forma come stasera. Ciao (esce in fretta e fugacemente).

MARR: Frocio di merda!

Sipario.

"Insetti"

Interpreti:

'Til Tuesday, l'insetto
Vulto
Robu
La Ceresa

Via Appia Antica, di notte.

CERESA: Dio che spavento!
ROBU: Non hai mai visto un uomo nudo? (si mette il pene nei pantaloni)
CERESA: Capirai, quel ben di Dio che hai? Ma no, è che in questa via non c'è niente da fare: mi incute un timore antico, atavico, si dice.
ROBU: Hai ragione, fa schifo questo posto.
CERESA: Non intendevo quello. Si possono fare begli incontri (gli si avvicina)
ROBU: Lasciami stare che stasera non va! (si discosta)
CERESA: Ma sì, chi se ne frega di te. Vattene e lasciami in pace allora.
VULTO (entra): Guarda chi si vede. La Ceresa ancora viva.
CERESA: Fottiti!
VULTO: Magari potessi, bella mia. Sarebbe un gran risparmio di tempo: niente passeggiate all'umido dei prati, niente seccature, nessuna inutile pena per cercarsi un uomo facoltoso...
ROBU: Potresti però non vedere i monumenti di notte alla luna piena.
VULTO: Non ti ho mai visto prima d'ora. Che cazzo cerchi?
ROBU: Lo stesso che cerchi tu.
CERESA: Rimanete pure a parlare che arriva qualcuno: io mi metto in bella mostra.
VULTO: Non ha speranze: è un cesso quella là. Io invece sono un bel figurino.
ROBU: Chi si loda...
VULTO: Non rompermi i coglioni e vattene in mezzo alle fratte a cercare di farti mettere qualcosa di grosso fra le chiappe.
ROBU: Vacci tu, a me non piace.
VULTO: Davvero? Bugiardo.
'TIL (entra guardando Vulto): 'Sera ragazzo.
VULTO: Salve. Hai una sigaretta?
'TIL: Io le fabbrico. Tieni (gliene dà una).
VULTO: Sei di queste parti?
'TIL: No.

104

VULTO: Che fai nella vita?

'TIL: Faccio.

VULTO: Andiamo lì dietro.

'TIL: Andiamo (escono).

ROBU (indicando i due che escono): Hai visto? È facile per uno come lui rimorchiare.

CERESA: Lo dici a me? Comunque neppure tu sei niente male.

ROBU: Io non cerco sesso.

CERESA: Vediamo: sei la sesta persona che mi capita stasera che dice la stessa cosa.

ROBU: No, davvero. Io vengo qui per cercare gente autentica con la quale iniziare qualcosa.

CERESA: Qualcosa di che genere?

ROBU: Qualcosa, insomma... una storia.

CERESA: E tu la cerchi qui?

ROBU: Perché no? Sono stufo di conoscere attraverso la chat, gli incontri nei locali, gli amici. Vorrei una persona autentica, magari fuori dal giro classico, capisci?

CERESA: Secondo me tu sei fuori. Comunque hai un bel davanti.

ROBU (ride): Smettila con i complimenti.

CERESA: Senti, che dovrei fare? Tanto non me lo darai e quindi è bello starsene a scambiare quattro chiacchiere no? Di lavoro stasera non se ne parla. Forse dovrei cambiare zona. Andare verso l'Eur, magari ritentare a Colle Oppio per vedere se c'è il giro come una volta. Già so che comunque stasera finisce davanti la TV a guardare programmi di educazione.

ROBU: Che fai di bello nella vita?

CERESA: Dipingo cani.

ROBU: Cani?

CERESA: Sì, non sai quanto vanno alla grande i ritratti dei cagnolini presso i loro padroni.

ROBU: E guadagni molto?

CERESA: Non abbastanza da permettermi una marchetta. Così le faccio io.

ROBU: Stanno rientrando.

CERESA: Io me ne vado. Quello lì mi sta sul cazzo. Ciao. (esce)

ROBU: Ciao.

VULTO (parlando con 'Til Tuesday): Ma cosa è successo? Perché ti sei raffreddato?

'TIL: Sei troppo... perfetto.

VULTO: Cosa? Che posso farci se sono bellissimo?

'TIL: senti ragazzino. Non mi piaci abbastanza per eccitarmi le antenne, quindi fila e non rompere stasera.

VULTO: Senti, io non me la passo bene in questo periodo. Sarebbe bello trascorrere la notte insieme così potresti conoscermi. Ti va?

'TIL (guardando Robu appoggiato ad un albero): No. Vattene. C'è altra gente in giro.

VULTO: Non dirmi che sei interessato a quello là?

'TIL: Non devo renderti conto.

VULTO: Non posso crederci. Hai dei gusti barbari: ma hai visto che corpo che ho? Che culo fantastico?

ROBU: Magari non è interessato a quello.

VULTO (si avventa contro Robu): Tu non rompere, figlio di puttana!

'TIL (lo ferma e lo sbatte lontano): Ti avevo detto di non rompere!

VULTO: Ah! Mi sono rotto qualcosa! Maledetto!

'TIL (si avvicina verso Vulto): Ancora una parola e ti spezzo il collo!

VULTO (corre via): Vaffanculo!

ROBU (serio): Devo preoccuparmi anch'io?

'TIL: No, tu no.

Sipario.

"Lagrima"

Personaggi:

Ginnasio
una donna
un ragazzo
gente

La scena è una via di città, mattina presto. Pochissima gente. Ginnasio è vestito elegantemente, con giacca di pizzo a colore sgargiante, profumato, vecchia checca. Lungo la via un motorino caduto a terra, un ragazzo presumibilmente morto, una donna che piange abbracciandolo. I suoi singhiozzi sono sommessi e sordi, come se non avesse più fiato in gola, ha l'espressione della madre a cui è appena morto un figlio. La gente intorno a lei, in piedi, è triste e con espressione grave. Ginnasio esce da casa allegramente e vede la scena. Diventa serio e rallenta la camminata. Ad un certo punto capisce l'accaduto. Il suo volto cambia e muta in chi vuole piangere. Una lagrima scende dal suo occhio e con un dito se la toglie. Poi guarda il suo dito a lungo e se lo pulisce lungo i pantaloni. Poi assume di nuovo la sua espressione felice e se ne va. Nessun commento. Da lontano un suono di ambulanza che si avvicina.

Sipario.

"Bestie"

Personaggi:

Luciana
Ucla

Camera di Luciana. Notte. Luciana è fasciato con numerose bende specialmente in faccia.

UCLA (da dietro alla porta socchiusa): Non ti ho sentito da tanto, così mi sono chiesto se non ti fosse accaduto qualcosa.
LUCIANA: No, nulla in particolare.
UCLA: Non mi fai entrare?
LUCIANA (apre la porta, Ucla entra): Mi conosci da tanto: sai che vivo come se passassi da un mondo all'altro.
UCLA: Che hai fatto? Cosa sono quelle... quelle bende? Che...
LUCIANA: Se vuoi saperlo allora ti dirò che ultimamente... ma non ti ho offerto nulla. Vuoi qualcosa da bere? Un caffè?
UCLA: Sì... sì... Vorrei bere se non ti dispiace. Ho molta sete.
LUCIANA (prende un bicchiere con dell'acqua): Tieni.
UCLA: Continui a fare vita moderata, vedo. Niente alcool.
LUCIANA: Nè fumo, né alcool, né donne. Sono proprio un esempio di virtù.
UCLA: Io non ho mai creduto che tu fossi un visionario.
LUCIANA: Ma altri lo credono.
UCLA: Allora, mi dici cosa è successo?
LUCIANA: Non ha importanza questo. Ricorda che io sono soltanto un mezzo per qualcosa che non riesco a comprendere. Le mie ferite non prenderle in considerazione adesso. Siediti pure.
UCLA: Mi preoccupa se stai male.
LUCIANA: Io sto male perché non riesco a spiegare cosa sto vivendo, o forse lo so ma non voglio ammetterlo. È cominciato tutto mesi e mesi fa e, se riesco a scandagliare bene i miei ricordi, anche durante l'infanzia... hai mai avuto un animale immaginario? Voglio dire, vedevi con gli occhi della mente, che ne so, un gatto, un cane?
UCLA: No, mai ma so cosa vuoi dire. (ride) Ho avuto un amico immaginario.
LUCIANA: Immagina allora di vedere realmente, sebbene, non ci sia, un animale immaginario. Io ultimamente ne vedo tanti e, ti assicuro, che non sono l'effetto di droghe o di fumi alcoolici. Li vedo che si muovono all'improvviso, di soppiatto, che muovono porzioni di mobili, di tende, li

vedo anche per strada, vedo poi l'acqua delle pozzanghere che si muove per il loro passaggio...

UCLA: Sai che quando parli così io ho l'opinione che tu sia stanco e...

LUCIANA (a voce alta): Sempre la stessa storia! Io non sono pazzo!

UCLA: Chi sta dicendo questo? Dico solo che è facile, e tu mi insegni, come paladino della ragione, che il cervello può interpretare ben altro che quel che crede l'occhio.

LUCIANA: Sì, scusami: è che sono molto teso... (si tocca la fronte fasciata)

UCLA: Fammi vedere... accidenti, sei messo male. Una bella ecchimosi.

LUCIANA: Vedi, Ucla. Se ti ho permesso finora di frequentarmi è perché tu non sei come i miei amici svampiti che si illudono di farmi piacere dicendomi di credere alle mie storie perché ho i soldi. Tu sei colui che mi ha sempre criticato e per questo ti voglio bene. Ora invece devo essere sicuro di parlarti della realtà che osservo, una realtà che magari potrà capitare anche a te di vedere ma non è questo il momento. In certe situazioni ho capito che il mondo, come noi lo interpretiamo, potrebbe essere leggermente diverso: io posso dire di stare osservando il sole in cielo e credere che disti da me solo poche centinaia di metri, mentre invece ne dista milioni. Chi ha suggerito questa soluzione logica e comprovata dalla scienza ha innescato un meccanismo per cui oggi chi credesse che il sole non è così lontano verrebbe tacciato di pazzia. Quindi è vero che gli occhi vedono e il cervello valuta ma alle volte questi occhi, creati o evolutisi per essere organi specializzatissimi, possono realmente vedere ciò che la cultura o la società non fa vedere e, non per questo, essere datori di falsità. È solo che il cervello non riesce a capire e quindi rifiuta aprioristicamente la cosa, l'evento. Hai presente di quegli scienziati che affermano che su Marte ci sia un tipo di vita al silicio anziché al carbonio? Loro vedono strane forme nelle pietre che io non vedo o addirittura vedono le pietre muoversi. Ne concludono quindi con il loro cervello una realtà alternativa alla normale.

UCLA: Tu vedi oggetti che si muovono?

LUCIANA: Io vedo esseri, animali, che si muovono un istante, una frazione infinitesima di secondo, per poi scomparire nel nulla e vedo anche che, se spostano un oggetto, l'oggetto è spostato, capisci?

UCLA. Ti capisco.

LUCIANA: Ma non mi credi. Non posso darti torto. Ecco perché non parlo quasi mai delle mie vicissitudini.

UCLA: Luciana, tu sei una persona molto eclettica, brillante in ciò che realizzi, direi affascinante. I tuoi ragionamenti sono di una logica perfetta. A volte noto quasi che tu voglia vivere in altri mondi, in altre situazioni, per compensare forse i tuoi problemi col mondo reale... scusa col mondo di noialtri.

LUCIANA (sorride): Non devi darmi spiegazioni se non mi credi: io non voglio che altri mi credano. Sto cercando di capire come mai avvengano certe situazioni. Ti ricordi qualche tempo fa quando ti dicevo di pensare che qualcuno mi stesse contattando attraverso i sogni? Tu mi hai fatto capire che le mie pulsioni, le mie problematiche, si esplicavano attraverso questi. Facemmo un percorso corretto e, dopo un po', non avvenne nulla più. Compresi quindi la mia debolezza. Stavolta però non sono ombre i guizzi che noto negli angoli. Non sono fantasmi inventati da un cervello che sta invecchiando quelli che mi sgattoiolano fra le gambe.

UCLA: Forse dovresti mettere qualcosa d'altro fra le tue gambe.

LUCIANA: Finiscila di fare lo spiritoso.

UCLA: Non mi hai detto però cosa ti è successo.

LUCIANA: Proprio ieri, di notte, dietro la strada che porta al cinema, ho incontrato Wanda e le altre. Ti ricordi? andavamo spesso ai locali la sera e finiva sempre che litigavamo. Non so perché sono diventati tutti più violenti ultimamente, fatto sta che entrando nel vicolo vidi muoversi un... un animaletto, di quelli che vedo ultimamente, che ha come soffiato contro il vicolo, intimandomi quasi di non entrare. Io ho ignorato ciò e, quasi a farlo apposta, c'erano un paio di tizi che mi hanno rapinato.

UCLA (allarmato): Rapinato? Te? Come è possibile?

LUCIANA: Mi hanno preso in contropiede. Non sarebbe mai successo, lo sai. Magari ci scappava il morto con la furia che ho in corpo ma mi hanno preso di sorpresa perché, proprio in quel frangente, ho visto passare Wanda e gli altri due che, ne sono sicuro, mi hanno chiaramente visto e non sono accorsi in mio aiuto. Anzi, forse spaventati nel non prendere parte alla cosa, sono dileguati velocemente oltre. Maledetti!

UCLA: Sai come sono fatti. Non per niente li hai messi da parte da un pezzo!

LUCIANA: Io non discuto. Tuttavia non ti spieghi come mai tutto sia iniziato dall'aver visto un cavolo di animale inesistente? (agitandosi) Non è la prima volta che questi esseri mi seguono e mi avvertono! Che devo fare?

UCLA: Devi essere razionale. E...

LUCIANA: Che c'è?

UCLA: Niente, niente.

LUCIANA: Hai il volto improvvisamente pallido. Ti senti male?

UCLA: No, no.

LUCIANA: L'hai visto anche tu? Di' la verità!

UCLA: Sono abbastanza stanco, Luciana, ancora un po' e vado.

LUCIANA: Vedi? La tua ragione, quella che ti ostini a ergere in difesa dell'assurdo, si presenta sempre a impedire alle tue facoltà visive di manifestarsi. Noi vediamo un bicchiere ma non sappiamo se sia tale in realtà o se sia soltanto il ricettacolo del demonio!

UCLA: Finiscila. La stanchezza fa vedere strane cose inesistenti. Non voglio discutere della cosa, Luciana. Sai come la penso. Ammettiamo che esistano le strane forme di vita che dici. Vita... è un'accezione pesante ma ci siamo capiti. Come sono? Come appaiono? Descrivimele.

LUCIANA: Hanno numerose zampe, denti aguzzi. Sembrano insetti a volte o artropodi più grandi, rossi, arancioni. Guizzano e saltano, trillano e soffiano ma non mi hanno mai toccato o fatto rumori... tranne una volta.

UCLA: Quando?

LUCIANA: Un mesetto fa. Stavo dormendo e ho sentito delle cose addosso. Mi sono svegliato e tutto il letto era coperto da enormi specie di ragnoni simili a crostacei che mi guardavano. Non sembravano minacciosi: si rivoltarono tutti verso il telefono. Era il giorno in cui mi chiamarono per intimarmi lo sfratto...

UCLA: Beh... ammettendo l'esistenza di altri esseri dimensionali, dobbiamo ammettere anche che non sono poi tanto cattivi.

LUCIANA: Vuoi dire che gli angeli custodi sono così? Un po' diversi dalla tradizione, mi pare.

UCLA: Non so cosa pensare. Credo che risolva tutto ammettere le cose come stanno e conviverci. Forse ti risparmierai la pazzia.

LUCIANA: Gentile che sei. Comunque non ti trattengo.

UCLA: Io vado allora... La tenda della finestra si muove.

LUCIANA (va verso la tenda): Cos'è? (apre la tenda e osserva a bocca aperta) Guarda: hanno incatenato il mondo!

Sipario.

"Veleno"

Personaggi:

Cartona
Giannizzu
due marchette

Palombini, parco. Cartona fuori della sua roulotte. Notte.

CARTONA: Maledetto! Possa averlo morto la notte quel maledetto ed io più di lui che mi ostino a vivere!

I MARCHETTA: Che ti succede Cartona?

CARTONA: Vattene via! Stasera non ho voglia di vedere nessuno.

I MARCHETTA: Che ti hanno fatto stavolta? Qualche cliente che ce l'aveva piccolo? (ride)

CARTONA: Possa anche tu fare la fine dei dannati a testa in giù nell'Inferno!

I MARCHETTA: Magari, così non sbaverò per averne uno! (se ne va)

CARTONA: Io non posso rimanere qui. Ogni volta lo dico, ogni volta voglio andarmene! Chi avrà pietà di me?

II MARCHETTA: Cartona, stasera piangi troppo.

CARTONA: Tutte le lagrime che nessuno verserà per te una volta morto.

II MARCHETTA: Se vuoi te lo faccio vedere così ti riprendi (si slaccia i pantaloni).

CARTONA: Rimetti dentro l'origine dei miei mali.

II MARCHETTA: Perché dei mali? È un bene invece, guarda!

CARTONA: Vattene o la tua carne sarà invasa dai vermi prima del previsto!

II MARCHETTA: Sei malata, ecco cosa sei! (si riveste e se ne va)

CARTONA: Perché io desidero la morte ma non ho il coraggio di concedermi ad essa.

GIANNIZZU (entra in silenzio): Cartona... senti.

CARTONA: Giannizzu! Sei ritornato! (lo abbraccia)

GIANNIZZU: Finiscila... basta... basta! (si divincola)

CARTONA: Te lo giuro, sarò più discreta, ho capito tutto, non sarò neppure gelosa se ti porti in roulotte i tuoi amichetti o chiunque vorrai...

GIANNIZZU: Ho dimenticato la mia catenina.

CARTONA: La... catenina?

GIANNIZZU: Sì, era di mia madre, l'ho dimenticata dentro. Sono venuto per riprendermela.

CARTONA (triste): Ah. Eccola. Tieni, l'avevo trovata e la tenevo in tasca. Te l'avrei rimessa al collo mentre mi abbracciavi, era questo il mio desiderio.

GIANNIZZU (prende la catenina): Non farmi dire più di quanto ho detto, Cartona. Sono stufo di questa mia vita di merda accanto a te.

CARTONA: Quando sei arrivato non dicevi così.

GIANNIZZU: Senti, con te la mia vita è una merda. Tutto qui. Senza offesa (fa per andarsene).

CARTONA: D'accordo, d'accordo. Stai due minuti. Prendiamoci un caffè, tanto... dove devi andare?

GIANNIZZU: Beh, io...

CARTONA: Avanti, ho capito. Mica sono così idiota. Lo preparo in un attimo (rassegnandosi), aspetta qui.

I MARCHETTA (entra): Ciao puttanella!

GIANNIZZU: Vuoi che ti molli di nuovo un calcio nelle palle?

I MARCHETTA: E dài, non si può neppure scherzare con te. Siamo qui tutti per lo stesso motivo.

GIANNIZZU: Io no. Me ne andrò presto.

I MARCHETTA: Hai conosciuto uno ricco a cui piaci.

GIANNIZZU: Non sono affari tuoi.

II MARCHETTA (entra): Buonasera puttane!

GIANNIZZU: Eccone un altro.

I MARCHETTA: Stai attento o questo, poiché desidera tanto il tuo cazzo, è disposto a farti male (si copre la patta con le mani).

II MARCHETTA: Figurati, ancora non sa nulla dei mali dentro questo qui. Guarda come rende disperata Cartona.

GIANNIZZU: Fatti gli affari tuoi.

II MARCHETTA: Certo certo, ma non aspettarti che ti daremo una mano quando la polizia entra nel parco. Noi sappiamo distinguerla dagli altri e prima o poi finirai nelle loro braccia che ti assicuro non sono amabili.

I MARCHETTA: Ha trovato l'uomo che se lo porterà via.

GIANNIZZU: Finiscila!

II MARCHETTA: Certo certo. Sigaretta? (la offre a tutti e due. Giannizzu rifiuta). Bah!

CARTONA (con un vassoio di tazzine di caffè fumante in mano): Caffè! Ho sentito delle voci. Prendete, bevete: è caldo ma non come i corpi dei vostri amanti... di più ovviamente (prendono un bicchiere di caffè e lo bevono)

I MARCHETTA: È amaro...

CARTONA: Ho finito lo zucchero.

II MARCHETTA: Tu non bevi?

CARTONA: Ho bevuto caffè ben più amari.

GIANNIZZU: Beh io me ne vado e vi mando tutti a fare in culo (se ne va)

II MARCHETTA: Guarda, c'è quello dei Parioli. Ma secondo te abita davvero nel quartiere?

I MARCHETTA: E che ne so. Ma... che succede? Giannizzu sembra essersi accasciato per terra e tu che hai?

II MARCHETTA: Non so, un dolore alla pancia. Cazzo, devo andare in bagno. Deve essere stato il caffè, maledetto frocio! (se ne va)

CARTONA: Anche tu hai mal di pancia?

I MARCHETTA: Un po'... che hai messo nel... nel caffè? Una purga? (corre via)

CARTONA: Una purga, certo.

Sipario.

Personaggi:

Diana
Loffa
Ste
Mata Hari

Sotto il ponte del mattatoio. Diana, Loffa e Ste.

STE: Ti ho detto che l'appunatmento è qui.
LOFFA: Certo ce ne mette di tempo per arrivare.
STE: Andate via, altrimenti se si accorge che siete qui...
DIANA: Allora hai capito bene Ste? Tu non mi convinci. Non sei mai stato in grado di imparare una poesia a memoria, figuriamoci questa cosa così importante.
STE: Mi offendi Diana.
LOFFA: E finiscila di dirgli queste cose, pensi sia un deficiente?
STE: Devo solo dimostrare che i trans sono passivi. Tutto qui.
DIANA: Certo che lo sono. Mi manca solo quest'intervista e finisco la tesi.
LOFFA: Non ti ho mai chiesto quale professore ti ha commissionato questo lavoro.
DIANA: Quello con tanti peli e il tatuaggio che si intravede sul petto, lo ricordi?
LOFFA: Ora capisco.
DIANA: Ste, ti prego. Fai le domande giuste, comportati naturale: il registratore deve registrare tutto in maniera, come dire, tranquilla. Mi capisci?
STE: Vai Diana, mi stai innervosendo. Non temere: non me lo metterà al culo.
LOFFA (ridendo): Se lo dice lui ci credo.
DIANA: Che vuoi dire? Hai fatto sesso con Ste anche tu? Che puttana sei.
LOFFA: Ehi! Io vado con chi mi pare.
DIANA: Non dicevo a te, Loffa. Andiamo. Speriamo bene. Non mi sono mai fidata di chi fa solo sport nella vita... tranne che per certe cose (ridono). Ciao, maschione, trapànalo, anzi trapànala (se ne vanno).
STE: Speriamo che non ritardi. Mi secca essere fermato dalla polizia. Che gli dico? Che sto qui a pisciare? Mi risponderebbero come l'altra volta: "quanto dura questa pisciata?". (da dietro compare Mata Hari)
MATA HARI: Ehi bellezza! Allora ci sei.

STE: Sono... appena arrivato.

MATA HARI: Le signore si aspettano sempre (lo abbraccia).

STE: Che bel... completino hai.

MATA HARI: Perché hai insistito a vedermi qui? Pensavo di piacerti, di andare a casa insieme... Dopo tutto quel parlare la volta scorsa... insisti a darmi appuntamenti fuori? Possiamo andare da me.

STE: Preferisco qui... mi eccita di più.

MATA HARI (gli prende la patta con le mani): Insomma, non si direbbe.

STE: Aspetta che mi scaldo.

MATA HARI: E cosa ti fa scaldare?

STE: Parlare... parlare delle tue, ehm, esperienze... insomma di quel che fai.

MATA HARI: Ma guarda.

STE: Questo per conoscerti, insomma.

MATA HARI: Oh beh, cosa vuoi che ti dica?

STE: Non so, quando l'hai fatto l'ultima volta?

MATA HARI: Cosa? Un pompino? Una scopata? Una sega? O altro?

STE: Altro?

MATA HARI: Senti bellezza, la volta scorsa mi sei sembrato così dolce col tuo visino giovane ed interessato: mi chiedevi come ero nella vita che tu dicevi normale, cosa facevo di giorno, i miei amici. Ora improvvisamente mi chiedi del mio aspetto sessuale. Ti ho detto che queste cose le faccio con i clienti.

STE: Io... io allora vorrei pagarti... ecco... insomma, ti pago per godere così, in questo modo.

MATA HARI (si accende una sigaretta): Che problema c'è? Balbetti pure adesso? Potevi dirlo prima. Dovrei chiederti i soldi della volta scorsa invece mi hai preso in contropiede.

STE: Perché?

MATA HARI: Ad essere onesti ho creduto che ti piacessi. Scusa: sono i quarant'anni che mi fanno diventare dolce e debole.

STE: Quaranta? Accidenti. Io credevo ne avessi molti di meno.

MATA HARI: Che complimento. Comunque non li dimostro ma li ho. Allora, vediamo: ah sì! Ieri sono stata con un tizio che mi ha chiesto di fargli odorare le mie mutande e si è sparato una sega.

STE: Ah... bene.

MATA HARI: Bene per lui. E per me: ha sganciato un bel bigliettone blu. Poi invece mi ha rimorchiato un camionista. Un bel tipo, uno di quelli fighi, che si dà tante arie. L'avevo già notato un paio di volte aggirarsi vicino la cabina del telefono, ci ha provato anche con la mia amica, Isella.

STE: Che nome buffo.

MATA HARI: Già (ridono). Comunque con Isella non è andatao bene.

STE: Perché?

MATA HARI: Isella ce l'ha piccolo, io invece...

116

STE: Come? Era venuto per... per quello?

MATA HARI: E certo, è venuto per il mio cazzo. Perché, ti stupisce?

STE: Sì... cioè no. Non mi stupisce. Non capisco come un uomo possa andare con un... una, insomma io credo...

MATA HARI: Tu l'hai mai toccato il pisello di un uomo, oltre al tuo e a quello dello zio, da piccolo?

STE: Che dici? Come fai a sapere che mio zio...

MATA HARI: Oh guarda, l'ho buttata giù così, senza sapere perché.

STE: In effetti quand'ero piccolo mio zio me l'ha mostrato. Avevo quasi dieci anni ed ero curioso di vederlo.

MATA HARI: E che impressione ti ha fatto?

STE: Era... era grosso e mi spaventai. Credo di essermi eccitato e per molto tempo non volli più parlare di argomenti con lui.

MATA HARI: Argomenti sessuali?

STE: Sì.

MATA HARI: Eri invidioso di avercelo più piccolo o voglioso di averlo come lui?

STE: Entrambi. Ora invece...

MATA HARI: Ora invece ce l'hai più grosso del suo.

STE (ride): Sì, è così. Hai colto in pieno.

MATA HARI: E non hai mai più visto altri cazzi? Non è possibile.

STE: Sembra strano ma io non guardo i miei amici di palestra nudi, è come se mi vergognassi.

MATA HARI: Fammi capire: ora hai in mente solo quello di tuo zio nel passato. Non sei curioso di vederne altri grossi quanto quello di cui ricordi? Potresti compararlo col tuo.

STE: Ecco, non voglio fare il difficile ma è una cosa che non mi interessa.

MATA HARI: Ti interessa solo ascoltare le mie storie?

STE: Perché no?

MATA HARI: Sei tu che paghi.

STE: Così tu ce l'hai grosso? Gli uomini vengono con te per farsi fare?

MATA HARI: Certo che no. Il mio ideale sarebbe quello di conoscere un bel ragazzo con un attributo come il mio e divertirci insieme, completando quasi il cerchio della sessualità: io, metà uomo e donna, che faccio l'uomo mentre il mio uomo, facendosi trattare da donna, gode del mio esser donna.

STE: Eh?

MATA HARI: Lascia stare.

STE: No, non vorrei lasciar stare.

MATA HARI: Senti, sai che facciamo? Ci spostiamo da qui e facciamo un gioco. A chi ce l'ha più grosso. Pensa come potresti godere toccandomi il seno, sentendo il mio profumo femminile e contemporaneamente osservandomi da un altro punto di vista. In fondo, è questo quel che vuoi.

STE: Io... non so cosa voglio.

MATA HARI: Secondo me lo sai benissimo (lo bacia).

STE: Dove hai detto che andiamo?

MATA HARI: Dietro quella colonna, sotto il ponte (escono).

LOFFA (entra con Diana): Sono spariti.

DIANA: Vabbè che non si vede nulla. Come puoi essere così certa che si sono baciati?

LOFFA: Lo sono. Li ho visti.

DIANA: Sai che questa prova è importante per sapere se effettivamente Ste fa al caso nostro?

LOFFA: Lo so, ma potevamo inventarci qualcosa di più semplice. Comunque, vedrai: se passa indenne da Mata Hari allora ce lo spupazzeremo per lungo tempo io e te (le prende la mano).

DIANA: Finiscila, vuoi che ci scopra? Deve capire che siamo tutte e due innamorate di lui.

LOFFA: Vedrai, non ho dubbi. Un vero maschio si riconosce da come si spoglia.

DIANA: E questo che sarebbe? L'aneddoto della serata? Andiamo più avanti. Magari si vede meglio.

Sipario.

"Specchi"

Personaggi:

Gonario
Busco, gemello di Gonario.

Gonario giace nella sua stanza sul letto, nudo con il pube insanguinato e coperto da bende. Continuamente si ascolta bussare alla porta della camera.

GONARIO: Guardami, anima mia, guardami. Io sono capace di tutto ora: sono arrivato al limite della mia voglia di cambiare; sono a un passo dalla trasformazione! Io sono la mutazione che ha lacerato il proprio essere per cambiare in altro. Ascoltami, anima mia: io sono altri!

Bussano.

GONARIO: Ho strappato dal mio corpo proprio ciò che mi rendeva uomo, anzi maschio. Perché non dirlo? Perché non urlare ciò che ero una volta e che non sono più? Credi, anima mia, che mi vergogni? Che sia atto d'incuria verso il mio corpo o una volontà di essere donna? No, no... sarebbe troppo riduttivo, anima mia, farti credere tutto questo. Ho tolto da me l'origine dei miei desideri.

Bussano.

GONARIO: Ti ho desiderato troppo, anima mia, ho desiderato me stesso, il mio corpo, la mia faccia, il mio stesso cazzo. Io mi sono desiderato senza potere avermi! Ma fu vero desiderio? Fu vero desiderio? Nelle notti costellate di stelle, quando mi trovavo a sperare che giungesse da me il mio stesso corpo e mi vergognavo nel volerlo avere, nel poter quasi bramare il sesso fra le gambe, nel voler avere un altro me stesso che giacesse nel letto d'erba, oppure in questo letto, in qualsiasi letto o latrina. Nel buio come in città io ho desiderato il mio corpo. Fu illusione? Non credo! Fu mera ambizione di diversità di veduta? Non credo! Io non credo che la mia vita possa essere la stessa senza questo desiderio, che è lo stesso in tutti gli uomini. Magari in tutte le donne ma loro non hanno la facoltà di togliersi l'origine del loro male. Noi sì!

Bussano.

119

GONARIO: Vorrei invitarti, anima mia, al banchetto solenne della mia rigenerazione, della rinascita nuova che chiunque non avrebbe il coraggio di affrontare. Vorrei anche brindare con te e con le mie illusioni, le mie visioni. Sai cosa vuol dire guardarsi nello specchio e non vedere un altro se stesso ma vedere un altro corpo come il proprio e volerlo avere? Masturbarsi davanti allo specchio desiderandosi. Il vecchio vanesio narcisismo che viene sempre aiutato dall'immagine speculare. Ho sempre visto il mio stesso corpo desiderare un corpo uguale ma simmetrico. E di che simmetria dovrei curarmi? Siamo esseri simmetrici, quindi non avrei potuto vedere il contrario, la stessa mano che mi accarezzava le gambe era quella che si accarezzava le proprie. Ah, poteva uscire da quel dannato specchio e afferrarmi, poteva uscire e baciarmi, poteva infine...

Bussano.

GONARIO: Anima mia, ora, se muoio, ti raggiungo senza la voglia di essere più lo stesso, di aver rinunciato all'orrore che mi ha consumato per una vita. Io ti vorrei confessare i dolori di questa esistenza che sono così forti da coprire quelli che sto provando adesso, ora che ho un buco fra le gambe. E questa lama che ha avuto lei il coraggio di tagliare ha dato a me il coraggio di resistere. Io ho superato il dramma del desiderio ed ora non desidero più me stesso ma solo raggiungerti...

Bussano.

GONARIO: Anima mia, non ti ho mai voluto accanto ed ora ti bramo. Sento però che questa bramosia si tinge di un colore diverso, più acceso. Diventa tutto rosso come quella rosa che non colsi per paura di pungermi e che volevo tanto... (silenzio).

La porta si apre con una spallata. Entra il gemello di Gonario.

BUSCO (rimane attonito guardando la pozza di sangue): Gonario...

Sipario.

"Sogni"

Interpreti:

Musharra
Maria
Iman
Samad

Casa di Musharra. Mattina presto. Musharra e Maria sono a letto. Musharra è seduto e guarda Maria, che si sta svegliando.

MUSHARRA: Ho fatto un sogno.
MARIA: Mmm... come, amore mio? Cosa hai detto?
MUSHARRA: Ho fatto un sogno, Maria. Un sogno grandioso e terribile al tempo stesso.
MARIA (stirandosi e sedendosi accanto): Anch'io, sai? Un sogno strano.
MUSHARRA: Bisogna dare importanza ai sogni?
MARIA: Forse.
MUSHARRA: Era... era come se stessi vivendo realmente. Non ho mai fatto un sogno così.
MARIA: Di che trattava?
MUSHARRA: Ecco... ero alle falde di un monte molto alto. Il cielo era terso, limpido, l'aria frizzante. La terra era chiara, come quella sabbia che abbiamo veduto nelle spiagge l'anno scorso, ricordi? Fina e fresca. Ad un certo punto compare una figura a cavallo e mi si avvicina dicendo di parlare per Allah. Non riuscivo a vedergli il volto, che era di luce viva, piena. Mi accorsi di piangere di gioia, mi resi conto che era vero: Allah il grande mi stava parlando attraverso il suo Profeta, capisci? Guarda che brividi che ho, guarda che pelle d'oca...
MARIA (seria): E che ti ha detto?
MUSHARRA: Ha detto che le parole che stava per dirmi provenivano direttamente da Dio e che riguardavano solo chi aveva fede in lui.
MARIA: E...?
MUSHARRA: Non ne devo parlare a te.
MARIA: Stai scherzando Musharra? Il fatto che io sia cristiana ti impedisce di parlarmene?
MUSHARRA: Allah mi ha imposto, nel sogno, il silenzio con chi non è musulmano.
MARIA: Ma era solo un sogno, anch'io ne ho fatto uno e...
MUSHARRA: Non insistere! Io credo a queste cose. Non è stato un semplice sogno! Io ho fede, capisci? Capisci quel che vuol dire? Che la

121

mia vera fede, quella autentica, è stata premiata finalmente. Dio ha parlato a me per mezzo del Profeta!

MARIA: Io so solo che... (suonano alla porta) chi sarà a quest'ora? (Musharra si alza e parla al citofono)

MUSHARRA: Salite (apre la porta). Sono Samad e Iman, mi devono parlare.

MARIA (guarda l'ora): Alle sei di mattina? Non sarà per quel fatto della frutteria? Non ti vorranno ancora proporre di aprirne una? Non lasciare il tuo lavoro, Musharra.

MUSHARRA: Ma che ne so, sentiamo. (Samad e Iman entrano, salutano in arabo) Che succede?

SAMAD: Hai fatto il sogno anche tu?

MUSHARRA: Che sogno?

SAMAD: Hai sognato anche tu il Profeta?

MUSHARRA (si siede sul letto): Io... sì.

IMAN: L'hanno sognato tutti al quartiere. Ci stiamo informando, sembra che sia avvenuta la stessa cosa in tutto il mondo.

SAMAD: Nella mente di tutti gli arabi.

MARIA: Ma che state dicendo?

SAMAD: Lei non può ascoltare.

MUSHARRA: Lei è la mia compagna, dimentichi?

IMAN: Lei non è musulmana, Musharra, lo sai. Sai cosa ha detto nel sogno il Profeta.

MARIA: Se non sbaglio siete in casa mia tutti e due, anzi tutti e tre. Includo anche te Musharra in questo affare. Non so di cosa si tratti ma se volete parlare tra voi vado a vestirmi in bagno (esce).

MUSHARRA: In tutto il mondo?

SAMAD: È così. Stanno arrivando le prime agenzie. Tutto il mondo islamico ha ascoltato il messaggio divino.

IMAN: Sono così contenta. Così felice.

SAMAD: Anch'io mio amore.

MUSHARRA: Anch'io sono contento di aver ascoltato il messaggio divino anche se il mio cuore si rattrista per dover perdere la mia amata Maria.

SAMAD: Non la perderai, se lei si converte.

MARIA: Lei non si convertirà mai. Crede troppo nel Cristo, lo sapete e la nostra convivenza si regge finché siamo liberi di professare le nostre fedi. Tuttavia il sogno parla chiaro e, come dite voi, se è stato ascoltato da tutti i fratelli arabi una ragione c'è.

SAMAD: La ragione è che finalmente il vero Dio si manifesta e combatterà gli idoli vittorioso!

IMAN: Andiamo Samad. Dobbiamo raggiungere gli altri.

SAMAD: C'è una riunione alla moschea alle otto. Ti aspettiamo.

MUSHARRA: Ci sarò. Devo solo parlare a Maria.

SAMAD: Non si possono discutere le sante parole (escono).

MARIA (entra): Allora avete parlato? Avete fatto tutti lo stesso sogno?

MUSHARRA: Sì (si veste).

MARIA: Bene, non voglio sapere che cosa ti ha detto il tuo Profeta. voglio sapere solo se mi ami.

MUSHARRA: Maria io... ti amo ma non posso amarti. Il Profeta, è stato chiaro con tutti noi. Non è possibile stare con chi non è musulmano, avere rapporti o frequentare gli infedeli. Bisogna creare e mantenere la nazione araba contro ogni forma di falsa religione.

MARIA: E la mia lo sarebbe ai tuoi occhi?

MUSHARRA: Ora lo è. Capisci che sto soffrendo ma la mia sofferenza è fonte di gioia nella fede. Sebbene ti ami devo lasciarti per seguire tutti i fratelli nel mondo.

MARIA: Capisco.

MUSHARRA: Tornerò a prendere le mie cose.

MARIA: Senza neppure dubitare?

MUSHARRA: Il dubbio non è permesso. Vedi come tutti noi abbiamo fatto lo stesso sogno? Non è un caso, non può essere una coincidenza! È la realtà.

MARIA: Dunque vai.

MUSHARRA: Sì (fa per uscire).

MARIA: Non sei neppure curioso di sapere quale è stato il mio sogno?

MUSHARRA: Scusami, avrei voluto chiedertelo ma ero così euforico per questa situazione. Quale è stato?

MARIA: Io ho sognato l'Arcangelo Gabriele che diceva la stessa cosa per tutti i cristiani...

Sipario.

123

"Paradiso"

Interpreti:

Pat
Ludwwig
un uomo

Sera al parco. Oscurità. Fratte. Pat sta eseguendo un rapporto orale ad un uomo.

UOMO (quasi senza curarsi di Pat): Così tu, frocio di un americano, pergiunta frate in borghese, avresti cercato quel tale qui dopo aver creduto che era l'incarnazione di San Giovanni? (ride) Ah ah ah!
PAT (parla italiano con accento inglese): Non ridere... non si ride delle visioni estatiche. L'ho avuta la notte scorsa.
UOMO: Avanti continua, non ti fermare. Ecco così... e quindi non hai trovato il tuo salvatore... come hai detto che si chiama? Ah, Ludwwig... che nome del cazzo. Sarà tedesco. Tutti stranieri in questo posto, ormai noi romani siamo una stirpe morente. Aspetta! (lo interrompe)
PAT (si alza): Cosa c'è?
UOMO: C'è qualcuno dietro quell'albero (indica). Magari è la polizia oppure i tuoi aggressori. Basta adesso, mi hai fatto godere, vado a cercarmi un'altra bocca (si riveste). Ci vediamo! (esce)
PAT: Vaffanculo. Parlo troppo. Questa volta non ho portato denaro con me, così non mi rapineranno. Ma sarà veramente esistito Ludwwig? Oppure è il solito mio frutto di una fantasia corrotta dalla droga? Perché mi ostino ripetutamente a mentire a me stesso... al Signore?
LUDWWIG: Al Signore? Quale dei tanti?
PAT: Sei tu!
LUDWWIG: Io abito qui ormai.
PAT: Volevo dirti...
LUDWWIG: Cosa volevi dirmi? Che ci hai ripensato? Lo stavi leccando ben bene l'uccello a quel tizio. Invece a me, niente. (gli dà un ceffone)
PAT: Ah! Ti prego, non...
LUDWWIG: Silenzio! Fai anche a me lo stesso?
PAT: Io vorrei... vorrei parlarti un attimo. È stato come un sogno la notte scorsa. È probabile che in questa vita, che mi ostino ancora a vivere in un modo atroce, io abbia conosciuto te, l'angelo accusatore oppure il Santo dell'Apocalisse, della mia espiazione! Non mentirmi ancora!
LUDWWIG: Tu devi essere pazzo. Comunque ascoltami: io vivo, scopo, sputo, cago, bestemmio e, nonostante tutto, rimango uomo. Sono forse

124

l'esempio vivente dell'empietà mal ripagata dal divino. Detto in parole povere: il tuo Signore non ripone in me speranza alcuna affinché io possa definirlo esistente.

PAT: Proprio tu invece dovresti essere la Bestia trionfante sopra tutti noi. Tu mi porterai all'inferno!

LUDWWIG: Che io sia bestia, lo evidenzia il fatto che da questa merda di posto non mi staccherò più. Che io sia trionfante lo decreta il fatto che tu mi obbedirai d'ora in poi: questo è il tuo inferno!

PAT: Sì, farò tutto ciò che vuoi.

LUDWWIG: Allora esegui ciò che ti ho chiesto (Pat si avvicina e gli sbottona i pantaloni).

Sipario.

"La stanza di Marr"

Interpreti:

Marr
Luciana

Interno della stanza di Marr: un letto, giocattoli, peluche. Entrano in scena. Marr e Luciana in silenzio.

MARR: Siediti pure.
LUCIANA: Carina la tua stanza. I tuoi genitori dunque non ci sono.
MARR: Sono fuori per un paio di giorni.
LUCIANA: Cosa mi stavi dicendo?
MARR: Non ricordo... ah sì: perché ti vesti sempre di nero e porti i capelli lunghissimi?
LUCIANA: Per affascinare i bei ragazzi come te (sorride). Posso accendermi una sigaretta?
MARR: Sei il padrone qui.
LUCIANA: Che gentile. Così fiducioso verso gli estranei...
MARR: Ultimamente ho deciso di rischiare.
LUCIANA: Ben detto.
MARR: Eppoi mi affascinano i tuoi discorsi, il tuo mistero.
LUCIANA: Io misterioso? Non direi.
MARR: Ma sì! Innanzitutto perché ti fai chiamare Luciana? Non è un po' strano?
LUCIANA: Lo trovi misterioso? Potrebbe essere il mio cognome, ad esempio.
MARR: Non credo. Forse ti chiami così come pseudonimo per onorare qualcuno che ammiravi.
LUCIANA: Sagace ragazzo.
MARR: Non sembri essere il solito omosessuale travestito. Ti discosti molto... sei più... maschio.
LUCIANA: Questo è un bel complimento.
MARR: È la verità.
LUCIANA: E tu? Non sei anche tu omosessuale? Alla tua età già sapevo cosa essere.
MARR: Diciamo che ho deciso di essere ficcanaso (si siedono sul letto).
LUCIANA: Chi è ficcanaso negli affari del mondo poi diventa una parte del mondo.
MARR: Di che mondo parli?
LUCIANA: Lascia stare. Piuttosto, hai molti giocattoli, vedo.

MARR (storcendo il naso): Sì... ma sto per dare tutto via. Non gioco più con queste cose. Ormai sono grande.

LUCIANA: Sbagli. La vita comunque resta un gioco, anche quando è seria.

MARR: Tu ora stai giocando?

LUCIANA: Il mio cocetto del gioco è molto particolare. Prendiamo questo giocattolo qui. Come si chiama?

MARR: È Gorgon, uno degli Inumani.

LUCIANA: Certo. Gorgon. Pensi che sia reale o irreale?

MARR: È un pezzo di plastica.

LUCIANA: Guardalo bene invece. Se lo osservi a lungo, potrebbe muoversi. Guarda... guarda... (glielo avvicina lentamente; Marr assume un'espressione tesa)

MARR: Che... che vuoi dire?

LUCIANA: Voglio dire che forse si potrebbe muovere, non lo vedi muoversi? Continua a guardarlo bene, non vedi come si gira verso di te?

MARR (urlando): Allontanalo! (si alza dal letto)

LUCIANA: Non volevo spaventarti ma, vedi, quel che voglio dirti è che le cose sembrano essere in un modo e poi cambiano in altro.

MARR: Non voglio pensarci (prende il giocattolo e lo lancia verso la porta)! Piuttosto, perché vuoi farmi paura?

LUCIANA: Paura io? Veramente io posso difenderti, se vuoi.

MARR: Mi spiace...

LUCIANA: Non preoccuparti, con me sei al sicuro. Vieni (Marr si avvicina e Luciana lo abbraccia).

MARR: Ho visto che si muoveva veramente, sai?

LUCIANA: Lo so e continuerà a farlo. Ormai abbiamo attivato un meccanismo che non si può interrompere.

MARR: Basta parlare di queste cose. Com'è casa tua invece?

LUCIANA: Anche la mia è piena di giocattoli. E si muovono tutti.

MARR (sorridendo): Davvero?

LUCIANA: Davvero (si baciano). Vuoi vederla?

MARR: Volentieri.

LUCIANA: Ti fidi di me?

MARR: Non ti avrei fatto entrare a casa mia altrimenti.

LUCIANA: Baciami ancora.

MARR: Ogni volta che vorrai (si baciano).

LUCIANA: Mi fa piacere che tu sia un ragazzo aperto di mente. Spesso persone particolari sperimentano comuni esperienze.

MARR: Mi piace immergermi in mari in tempesta.

LUCIANA: Piace a tutti ma pochi sanno nuotare. Posso prendere il giocattolo che ti ha impaurito tanto?

MARR: Certo. Non voglio più vederlo qui. Gli altri li getterò domani.

LUCIANA (prende il giocattolo): Grazie però fai male a gettarli. In genere ritornano incazzati.

Sipario.

"Alberi"

Personaggi:

Rossa
Tina, la segretaria
Mato, il proprietario dell'azienda

Interno dell'ufficio: Mato giace a terra esanime dietro la scrivania. Per terra un soprammobile cubico di metallo. Rossa si guarda attorno.

ROSSA: Cazzo! Ed ora? Sono stata proprio una stupida!
TINA (entra): Mato? Ho sentito un rumore... chi è lei? Cosa fa qui?
ROSSA: Ecco... io sono una amica di Mato. Non... non c'è?
TINA: Avrebbe dovuto. So che stamattina è uscito ma credo sia rientrato.
ROSSA: Non le dispiace se attendo qui?
TINA: No no, faccia pure signorina...
ROSSA: Amedea.
TINA: Amedea?
ROSSA: Amedea.
TINA: Bene, signorina Amedea. Se mi cerca io sarò di là (esce guardinga).
ROSSA (parla tra sé e sé rovistando la scrivania): Porca puttana, ora cosa faccio? Dove sarà la busta che mi ha preparato questo rotto in culo? Eccola! (prende una busta da dentro un cassetto e l'apre: ci sono molti soldi all'interno) Non mi avevano detto che sarebbe stato un problema però. Vediamo come risolvere... pensa Rossa, pensa... anzi Amedea (ride). Che scema sono! (il telefono squilla)
TINA (entra): Mi scusi ma non ho commutato questo telefono al mio centralino, ci metto solo un secondo a... oh, Dio mio! (vede il corpo di Mato)
ROSSA: Ehm... Io... è stato un incidente...
TINA (ritornata normale): Ci credo. Un incidente. Ed ora?
ROSSA: Ora cosa?
TINA: Senta Amedea, dobbiamo sbarazzarci del corpo. Come si può fare?
ROSSA: Io non posso credere...
TINA: Non l'ho mai potuto sopportare. Mi toccava sempre il culo e ce l'aveva pure piccolo.
ROSSA: Insomma, parlare così di un morto.
TINA: Vorrei vedere lei se ti promette una larga dose di soldi e scopate e non ti dà né i primi né il resto!
ROSSA: Beh... comunque che si può fare?
TINA: Facciamolo a pezzi.

129

ROSSA: Ma è impazzita?

TINA: L'unica è mangiarselo.

ROSSA: Sono vegetariana.

TINA: Scommetto anche che fa parte di quei gruppi di ecologisti pazzi in difesa del pianeta.

ROSSA: Non sono dei pazzi e se non ci fossero persone del genere saremmo in balìa di chissà quale altro inquinamento ulteriore!

TINA: Non si scaldi.

ROSSA: Non sarei dovuta venire qui.

TINA: L'hanno mandata per farlo fuori?

ROSSA: Macché! Mi doveva dei soldi.

TINA: Una puttana, lo sapevo io. E pure ecologista. Certo Mato non finirai mai di stupirmi.

ROSSA: C'era molto da scoprire ancora sulla sua normalissima vita?

TINA: Non so se c'era altro ma lei cosa sa di Mato?

ROSSA: Che mi doveva dei soldi e non me li voleva dare.

TINA: Certo. Non sa quindi che era il più grande azionista nonché fondatore della "Betulla srl".

ROSSA: E che sarebbe?

TINA: Strano che lei non lo sappia. Questa azienda è impegnata attivamente nella riforestazione e, attraverso fondi e capitali, è divenuta la prima al mondo riguardo l'impianto di nuovi alberi, specie nella foresta amazzonica o nei boschi finlandesi.

ROSSA: Cosa?

TINA: Già. Lei ha fatto fuori un pidocchio, una sporca latrina di uomo ma, in fondo, un benefattore dell'umanità.

ROSSA: Non posso crederci...

TINA: Ora, morto lui, che era il maggiore azionista e comunque il referente di spicco dell'azienda, difficilmente il mondo avrà speranza di respirare nuova aria, visto che tutti i soci erano contrari a quest'attività.

ROSSA: O che tragedia!

TINA: Una tragedia, signorina Amedea. Tutto per colpa sua: in questo istante il fornitore francese stava aspettando una risposta per il reinpianto di 120.000 alberi di pino dopo gli incendi in Sardegna dell'anno scorso. Una bella occasione perduta e tutto per colpa sua, anzi per colpa di quel denaro (indica la borsetta di Rossa).

ROSSA (con lo sguardo fisso): Non è possibile. Da un solo uomo...

TINA: La speranza di vita per migliaia di esseri.

ROSSA: E ora? Che fare?

TINA: Non faccia la sofista. Io, fossi in lei, mi butterei di sotto. Una come lei, così attenta alle sorti del mondo, che mangia sano, che aiuta la gente, che fa la puttana onesta e che ammazza un povero verme per denaro provocando l'interruzione della futura aria nel mondo si dovrebbe solo ammazzare. Tanto che campa a fare con questo punto nero nella sua coscienza? Non lo sa che la vita di questo pianeta dipende in larga parte da esseri abominevoli? Se dovessimo farli fuori tutti, il mondo scomparirebbe!

ROSSA: Ha ragione (apre la finestra e si butta ma Tina riesce a prenderle la borsetta) Ahhh!

TINA (affacciata fuori): Che scema! Avevi ragione, Mato, era proprio fuori di testa.

MATO (si alza): Uffa, che palle! Ma non potevi semplicemente spingerla fuori all'improvviso? Tanto che differenza faceva? Ci saremmo inventati qualcos'altro! Porca puttana, sono tre ore che perdo sangue dalla fronte, merda!

TINA: Non credo che sarebbe stata una buona idea. Tu non solo sei un porco ma anche stupido. Se la gettavo di sotto avrebbero ricostruito che era stata spinta, no? Per che motivo poi? Una tua difesa? Ma se eri a terra quasi morto.

MATO: E allora? Non è la stessa cosa adesso?

TINA: Oh no, serve davvero il morto, così penseranno ad un omicidio-suicidio per amore.

MATO: Tu sei una vera cretina.

TINA (prende il soprammobile da terra con un fazzoletto e lo da in testa a Mato più volte): Sarà così ma in genere le cose le faccio coerenti (posa il cubo e prende i soldi nella borsetta di Rossa mettendoseli in tasca). Quanto avrei voluto cambiare lavoro.

Sipario.

"Colpa"

Personaggi:

Cimbalino
Buci

Interno della casa di Cimbalino: un sofà verde, una lampada accanto. I due seduti sol sofà con lo sguardo fisso sul vuoto.

BUCI: Avevi detto che mi amavi.
CIMBALINO: Era vero.
BUCI: Ed ora non mi ami più.
CIMBALINO: No. Non più.
BUCI: Cosa non ha funzionato tra noi?
CIMBALINO: Forse la nostra differenza.
BUCI: Tutti siamo diversi.
CIMBALINO: È vero, ma tra noi c'è troppa differenza.
BUCI: Eppure abbiamo fatto molte cose insieme, non è vero? Non possiamo rimproverarci di essere stati alieni l'uno con l'altro.
CIMBALINO: Io credo che le cose finiscano. Sempre.
BUCI: Sei crudele.
CIMBALINO: Sono obiettivo. Forse non ho mai capito cosa significhi amare qualcuno.
BUCI: Tu non hai mai amato nessuno, di' la verità.
CIMBALINO: Ora mi rendo conto che forse c'è stata un'unica persona che ho amato.
BUCI: E non sono io.
CIMBALINO: No.
BUCI: Capisco che il distacco da un amore importante sia difficile ma il mondo va avanti.
CIMBALINO: Va avanti male.
BUCI: E non vuoi riprovarci?
CIMBALINO: Non ho le forze per farlo. Ho appurato che la nostra relazione è finita esattamente come le altre e me ne dispiaccio.
BUCI: Per carità, non cominciare con la storia del dispiacere, non ne posso più di gente che si addolora per come starò.
CIMBALINO: Eppure tu conti per me.
BUCI: Certo certo, ti facevo più maturo. Comunque lascia stare. Lasciamo stare.
CIMBALINO: Non ci vedremo più?

BUCI: Ehi, ma per chi mi hai preso? Sei importante diavolo, ma non sei indispensabile.

CIMBALINO: Certo, ma non possiamo conservare una parvenza di rapporto?

BUCI: Senti, Cimbalino, io capisco che magari puoi avere avuto molti rapporti, tutti fallimentari, un grande amore, una storia appassionante, una relazione con me al di fuori della normale cerchia omosessuale, cose fatte insieme e chi più ne ha ne metta ma renditi conto che questa discussione sta andando avanti solo perché io mi sono innamorato di te e vorrei capire se in te c'è ancora una sottile speranza di affetto come lo intendo io. Non accetto affatto che si cerchi di conservare un rapporto monco: noi non ci siamo conosciuti per amicizia ma per altro. Anzi non vorrei neppure conservare un insieme di relazioni fondate sul sesso perché me ne sbatto del tuo corpo e del tuo cazzo se non posso averti tutto, quindi non dirmi di conservare niente.

CIMBALINO: Non ti alterare.

BUCI: Eh no, perdio! Bisogna che qualcuno ti faccia capire che il mondo non è come tu te lo rappresenti ma è altro! È il tuo e il mio mondo insieme, poi c'è la realtà esterna. Insomma non gira tutto attorno a te ma a molti eventi, molte situazioni. Cosa credi che a me andasse bene tutto quello che facevi? Tutto ciò che sei? Per amore si scende a compromessi e basta: ecco il vero segreto dell'amore. Non c'è altro e tu, che non sei dissimile da milioni di froci sulla faccia della terra, devi saperlo questo. Non fosse altro per chi mi seguirà dopo.

CIMBALINO: Che c'entra questo?

BUCI: Lascia perdere. Mi viene da piangere per colui che prenderà il mio posto. Quanto soffrirà pure lui! Quanti hanno sofferto per te, per il tuo modo così malato di essere!

CIMBALINO: Non credi di esagerare?

BUCI: No, no! Non esagero perché sai che è la verità. Ti è bastato avermi con te, soddisfare le tue voglie di avere un ragazzo per tutti i mesi che siamo stati insieme, avermi detto che mi amavi che ero la tua gioia eterna davanti al grigiore della vita quotidiana. Cristo ma sei tu il grigiore, tu sei l'incarnazione dello squallore ricorrente.

CIMBALINO: Stai esagerando.

BUCI: Rifletti su questo e vedrai che ho ragione. Comunque non darti pena per me.

CIMBALINO: D'accordo.

BUCI: Sai qual è il tuo più grande difetto? Quello che tu hai bisogno di sentirti in colpa. Ti sentirai ora in colpa con me perché io starò male, ti sei sentito in colpa con i tuoi passati compagni, addirittura ti senti in colpa per la morte di tua madre, quando non potevi fare nulla per aiutarla nella malattia.

CIMBALINO: Basta! Non parlare più!

BUCI: Io non parlerò più: sappi che in te avevo riversato tutta la mia vita.
CIMBALINO: Beh allora io devo dirti due cose, se vogliamo proprio affrontare questo processo al rapporto. Tu in realtà sei il vero nevrotico.
BUCI: Io? Sentiamo.
CIMBALINO: Tutti i tuoi rapporti sono nati per colmare il senso di solitudine che avverti. Ogni tuo compagno è l'unione del senso di solitudine che hai e il bisogno d'amore che vorresti avere, quando non pensi che le due cose siano inscindibili.
BUCI: Non capisco. Vorresti dire che è impossibile trovare un compagno che sia anche colui che ti dà conforto nella solitudine?
CIMBALINO: Proprio così. Sono due problemi completamente separati. Perché siamo tutti soli e la solitudine la colmiamo con la gente attorno e l'amore lo cerchi nella stessa persona che pensi ti dia conforto.
BUCI: Non credi stavolta di essere tu quello che esagera? Quello che dici è riduttivo, anzi è sintomo di non aver capito un cazzo delle relazioni. Io voglio stare col mio uomo per non sentirmi solo.
CIMBALINO: Ah, davvero? E dove eri mentre io avevo bisogno di te? Quando io mi sentivo solo le notti in cui mio padre stava morendo?
BUCI: Tu mi hai chiesto di voler stare da solo. Non ricordi?
CIMBALINO: Infatti, quel che voglio dire è proprio questo. Tu invece non mi hai mai perdonato quando stavi solo ed io dovevo lavorare come un negro per portare due soldi in casa mentre tu non facevi un cazzo.
BUCI: Beh, senti. Io ne ho abbastanza. Mi correggo: tu non hai un difetto, ne hai due sostanziali e il secondo è che ti fai un mare di seghe mentali quando potresti affrontare la vita in maniera più semplice.
CIMBALINO: E stare insieme a te sebbene io non ti ami.
BUCI: Sei uno stronzo ma credo che il mio destino sia quello di innamorarmi dei pezzi di merda come te.
CIMBALINO: Va bene, va bene. Scusami, non volevo essere...
BUCI: Lo vedi? Già ti senti in colpa. Lascia stare. Spero di dimenticarti.
CIMBALINO: Lo farai ne sono sicuro. Poi ti sentirai solo e cercherai qualcuno per metterti insieme e colmare il vuoto che hai intorno. Quando lo capirai sarai libero.
BUCI: Mettiamola così: quando capiremo di essere dei coglioni un giorno ci rincontreremo e ce lo diremo.
CIMBALINO: Va bene. Quel giorno ci faremo una sana scopata.
BUCI: Ma allora la parte attiva la farò io. (ridono)

Sipario.

"Stronze"

Personaggi:

Luciana
Wanda
Marcella
Gina
Ludwwig

Una via in città. Una cabina telefonica presso un parco. Sera.

WANDA: È semplice Gina: Luciana è uno stronzo. Non solo: sta cercando di fregare tutti noi per avere la supremazia, per essere considerato il capo del nostro gruppo.
MARCELLA: Ma i poteri, l'oscurità...
WANDA: Dimentica queste cose, Marcella. Anche tu, Gina: sapete che i nostri poteri sono solo il riflesso delle sue masturbazioni mentali.
GINA: Ma quando dice che avviene qualcosa, qualcosa poi avviene. Ti ricordi come abbiamo messo in fuga quei cinque l'altra notte? Tu stesso hai sventato un colpo micidiale solo per aver toccato quel tizio, avevi le mani come infuocate.
WANDA: Cosa non sa fare la paura, miei cari! Cosa non sapevo fare io che avevo quaranta di febbre, ricordate?
GINA: Sì, sì... hai ragione. E poi si crede 'sto cazzo, quello lì. Da quando l'abbiamo conosciuto non fa altro che fregarci i ragazzi più belli.
MARCELLA: Non gli riesce difficile prenderli a te, visto come sei brutto.
GINA: Meglio di te, passivone grasso!
WANDA: E finitela. Piuttosto, quando tornerà dalla sua scorribanda erotica cercate di essere normali. Lo isoleremo definitivamente...
GINA: Cioè?
WANDA: Vedrai, vedrai. (escono)

Entra Ludwwig.

LUDWWIG: Luciana, dove sei? Perché non ci sei mai? Perché mi lasci sempre da parte, non mi ami? Io ti adoro. Vorrei anzi averti con me sempre, stare sempre accanto a te. Da quella sera in cui ci siamo conosciuti hai trovato mille pretesti per allontanarti. Perché, mi chiedo, perché? Sento dei passi... forse...
LUCIANA: Ludwwig! Che ci fai qui?
LUDWWIG: Luciana, finalmente ci siamo incontrati.

135

LUCIANA: Vattene, non ho intenzione di avere più a che fare con te.

LUDWWIG: Sei crudele, cosa ti ho fatto? Ho avuto l'ardire di essermi innamorato di te?

LUCIANA: Appunto. È stata solo una notte di sesso e basta, tra l'altro neppure venuta bene.

LUDWWIG: Ma come, hai detto che eravamo stati meravigliosamente.

LUCIANA: Sì certo, ad affilare le armi da taglio che volevi usare su di me.

LUDWWIG: Ma no, non ti avrei fatto assolutamente nulla, è che mi piacciono le lame, lo sai.

LUDWWIG: A me no, anzi se vuoi proprio saperlo mi dà fastidio che mi stai sempre dietro e che mi regali ogni volta delle lamette. Lo so che me le mandi tu nelle lettere, mica sono scemo. Ma sta' attento o chiamo davvero la polizia stavolta.

LUDWWIG: Io so che mi ami. Che mai faresti cose contro di me. A meno che... a meno che non ci sia qualcun altro! (tira fuori un coltello)

LUCIANA: Finiscila, Ludwwig, non mi spaventi.

LUDWWIG: Questo non è per te, mio amore assoluto, ma è per chi ti sfiora solo con lo sguardo. Con chi prova a toccarti io gli modifico il corpo, lo faccio diventare un misto di carne attaccata a caso, capito?

LUCIANA: Finiscila. Non c'è nessuno. Senti, Ludwwig. Sono stanco. Vattene. Ne riparleremo.

LUDWWIG: Me ne vado. Ma non dubitare amore mio: ci rivedremo. (se ne va)

LUCIANA: Vaffanculo... ma dove sono finiti quei tre? Ah eccoli... dove eravate?

Wanda, Marcella, Gina entrano. Da questo momento in poi faranno come se Luciana non esistesse.

WANDA: Gina, quando parti per Londra?

GINA: Domani, vi manderò una cartolina.

MARCELLA: Con chi vai?

GINA: Saremo io e la Regina della Polpetta, ve lo ricordate Emanuele? Proprio lui, la Scura.

WANDA: Ottimo. Portaci qualcosa.

LUCIANA: Non sapevo partissi, Gina.

GINA (ignorandolo): A te Wanda poterò un monile instarsiato, a te Marcella uno specchio decorato.

LUCIANA: Quando hai deciso di partire?

WANDA (frapponendosi): Io invece mi preparo per uscire con quel ragazzo che ho conosciuto ieri.

LUCIANA: Ragazzo? Chi? E quando lo avresti conosciuto se ieri...

WANDA: Ve lo ricordate?

MARCELLA e GINA: Certo, certo, quello carino. Ottimo.

LUCIANA: Cosa succede, gente?

WANDA:È tardi, dobbiamo andare. Tu Marcella che farai?

MARCELLA: Io ho appuntamento con il mio fidanzato.

LUCIANA: Tu fidanzato? Ma se sei ancora vergine...

WANDA: Splendido, una vita felice abbiamo tutti e tre.

LUCIANA: Tre? Ah! Ho capito... mi state ignorando.

WANDA: Saremo felici per sempre... insieme (abbraccia Gina e Marcella) Andiamo! (se ne vanno)

LUCIANA (rimasto solo): Maledette stronze! Ritornerete a cercarmi un giorno e quel giorno vi ridurrò in cenere! (alza le mani e si vede un lampo. Le luci dei lampioni si spengono. Buio)

Sipario.

Personaggi:

Marsenne, custode della chiesa
Padre Guido, sacerdote della chiesa
Rappa Bernarda, una vecchietta
Alessio, un giovane ateo
Berta, fidanzata di Alessio
Giudice Armand, un togato nonché politico
Patty, una giovane lesbica

Sagrestia della chiesa. Domenica mattina.

PADRE GUIDO: Marsenne! Marsenne!
MARSENNE: Oh!
PADRE GUIDO: Dove ti sei cacciato? Vieni subito qui.
MARSENNE: Oh! Dove?
PADRE GUIDO: Ma come dove? In sagrestia, no? E sbrigati!
(entra con una bottiglia di vino rosso in mano)
PADRE GUIDO: E ora? Che ci fai con quella bottiglia di rosso in mano?
MARSENNE: Oh bella! E ci riempio l'ampolla per la messa.
PADRE GUIDO: Con il vino rosso? Suvvia, Marsenne!
MARSENNE: Ma sì, rosso o bianco va bene lo stesso.
PADRE GUIDO: Non dire eresie, fai come di consueto e va' a posare quel vino. Anzi, aiutami a vestire. Passami la cotta.
MARSENNE: (posa il vino e l'aiuta) Ma voi sapevate se il Cristo Gesù beveva vino rosso o bianco durante l'ultima cena? Mica c'è scritto nei Vangeli.
PADRE GUIDO: Ancora insisti Marsenne? Piuttosto perché non hai ancora aperto il portone? Oggi è domenica o te ne sei dimenticato? Non si sente nessun vocio stamattina.
MARSENNE: Il portone l'ho spalancato alle sette di buon'ora.
PADRE GUIDO: E allora? Nessuno che recita il rosario...
MARSENNE: Saranno schiattate tutte quelle vecchiaie!
PADRE GUIDO: È meglio che vai a mettere a posto la bottiglia di vino, va'! Passami la pianeta.
MARSENNE: A proposito, perché si dice la pianeta e non il pianeta?
PADRE GUIDO: E ora? Cosa c'entra questa domanda... il pianeta se ne sta in cielo e non fa che girare e girare nel vuoto. Ti pare che io giri?
MARSENNE: Ora siete voi che state scherzando, padre.

PADRE GUIDO: Suvvia Marsenne: oggi è domenica e mi sento su di giri. Ho intenzione di parlare di politica nella mia omelia.

MARSENNE: Di politica? Ancora?

PADRE GUIDO: Quando mai ho parlato di recente di politica? Eppoi che ne sai tu, mica mi ascolti mai.

MARSENNE: Io? Ogni volta, mi venisse un colpo che vi ascolto.

PADRE GUIDO (interrompendosi e guardando Marsenne): Ah. Non me ne sono mai accorto.

MARSENNE: Per forza: quando dite l'omelia ve ne state così serio e avete le voce ferma che tutti si zittiscono. Io me ne rimango quieto quieto nel mio cantuccio nel retro e ascolto quel che dite; ogni parola, sapete? E ho pure buona memoria. Ricordo ciascuna omelia da sette anni a questa parte.

PADRE GUIDO: Mio buon Marsenne. Non me l'avevi mai detto. E io che ti credevo un buon guaglione, sì un tantinello distante a volte da Santa Romana Chiesa.

MARSENNE: Come quella volta, una settimana fa, in cui parlavate delle uova.

PADRE GUIDO: Uova? Di che uova parli? Mica è stata Pasqua di recente.

MARSENNE: Voi dicevate dello Spirito Santo che discende dal cielo sui giusto.

PADRE GUIDO: Certo.

MARSENNE: E che coloro che lo ricevono ne accolgono ogni dono.

PADRE GUIDO: Ancor più certo.

MARSENNE: E che lo Spirito Santo in forma di colomba è venuto per salvarci molte volte.

PADRE GUIDO: Non sbaglia mica questo qui.

MARSENNE: E allora se lo Spirito Santo è una colomba le se le colombe fanno le uova, le vuota di colomba sono il regalo dello Spirito Santo.

PADRE GUIDO: Marsenne! Smettila di dire fregnacce oggi! Ci manca solo la frittata adesso.

MASENNE: Quella ve l'ho fatta dome domenica scorsa.

PADRE GUIDO· Con le uova di colombo.

MARSENNE: Veramente erano di piccione: c'era un nido sul nido sul tetto. Tanto i piccioni sono come le colone e pure più grossi.

PADRE GUIDO: Oh misericordia divina. È stato quando mi è presa quella colica intestinale. E io che credevo fosse stato il maiale. Non rovinarmi la domenica con queste elucubrazioni da inganno, ignorante che sei. Va' piuttosto a suonare il campanello che iniziamo (il campanello suona).

PADRE GUIDO: Oh, quando suona il campanello ricordo sempre la la prima messa...

MARSENNE: Padre Guido...

PADRE GUIDO: Che c'è ancora? Cos'altro c'è?

MARSENNE: Di là non c'è nessuno.

PADRE GUIDO: Ma che dici mai? Non è possibile, saran le otto oramai.

MARSENNE: Andate voi stesso a guardare.

PADRE GUIDO (guarda dalla porta dentro la chiesa): Anime del paradiso, sono tutti accoccolati nel loro letto? Dimmi un po' se fuori piove.

MARSENNE: No, non piove.

PADRE GUIDO: Allora è un giorno di festa della Repubblica?

MARSENNE: Neppure. È una comune solita noiosa domenica di luglio.

PADRE GUIDO: Ecco! Va' a vedere quando segna il termometro.

MARSENNE: Solo ventinove gradi.

PADRE GUIDO: Con ventinove gradi di calura io me ne verrei in chiesa, al fresco. Magari stanno tutti al mare.

MARSENNE: Detto così sembra di essere in galera.

PADRE GUIDO: Aspettiamo ancora un poco. Nel frattempo accendi i ceri.

MARSENNE: Con questo caldo?

PADRE GUIDO: Marsenne i ceri sono santi; che ti importa della calura? Vanno accesi in onore della Vergine. Ho notato che si sono spenti, sarai passato al solito troppo velocemente accanto per pulire l'altare.

MARSENNE: Come volete. Dove avete messo i fiammiferi?

PSDRE GUIDO: Ma che ne so. Se tu quello che sta in cucina.

MARSENNE: Vado a cercarli.

PADRE GUIDO: Chissà perché sono così in ritardo. Non c'è ancora nessuno. Neppure la signora Malaspina che ha una voce da gallina ma sa a memoria i Salmi; e pure Agata la salumiera: ogni domenica ci scappa sempre un pezzetto di prosciutto. E che dire di Alvaro il portinaio, di Marianna la vedova che piange ogni volta che predico (sarà mica invaghita del sottoscritto?); e neppure Luisella che vuole diventare monaca, ma che secondo me non la racconta giusta. Chi lo sa? Deve essere successo qualcosa. Marsenne, hai trovato i fiammiferi?

MARSENNE: Uno solo.

PADRE GUIDO: E ti pareva? Va bene ma non sprecato.

MARSENNE: No no, accendo questo cero grande qui.

PADRE GUIDO: E ora? perché l'hai spento?

MARSENNE: Così ci accendo le altre candele.

PADRE GUIDO: E come lo trasporti il cero così grande?

MARSENNE: Trasporto le candele più piccole.

PADRE GUIDO: Ah, bene. Mi stai facendo confondere. Prendine una decina, accendiamo, facciamo luce. Ma sì! Rendiamo accattivante questa chiesta, non han fatto anche così alla Rinascente?

MARSENNE: Ma noi non vendiamo elementi d'arredo.

PADRE GUIDO: Eccolo qua, il saputone. Non sai nulla dello Spirito Santo e mi citi parole che neppure conosci: "elementi d'arredo". Che razza di parlare è questo?

MARSENNE: Non ci sono candele piccole, padre Guido ma solo altri ceri grandi.

PADRE GUIDO: Oh, Santa Calla! Ma prendine un po' di là allora e già che ci sei vedi è entrata gente.

MARSENNE: No, nessuno. Non c'è nessuno.

PADRE GUIDO: Ohibò! Attendiamo ancora. Mica avranno cambiato l'orario legale? Ma no. O forse sì... questi qui non sanno più come trasformare le cose, la società. Gli ci vuol poco fare una legge a loro piacimento e là! Fatta! In men che non si dica. Se fossero ancora le sette anziché le otto? Tutti a dormire staranno. E certo: se fan bagordi il sabato sera. Che gente!

MARSENNE: Le candele di là erano accese.

PADRE GUIDO: Davvero? Devo proprio essere stanco, mi erano sembrate spente, tanto mi sono stupito che non ci fosse nessuno seduto. Ma va là! Fammi da pubblico tu, Marsenne, ché preparo l'omelia. Sta' a sentire.

MARSENNE: Parlerete della politica?

PADRE GUIDO: E anche dei politicanti.

MARSENNE: Che bello, mi siedo qui (si siede).

PASDRE GUIDO: Dunque, nel nome del padre eccetera eccetera. Ah sì! Fratelli, come rimanere impassibili di fonte all'ignoranza che imperversa nella società? Dobbiamo essere grati a nostro Signore se disponiamo di un cervello e di una intelligenza, sto andando bene? (Marsenne annuisce e ride tutto il tempo). Fratelli, dov'ero rimasto?, fratelli! Sembra però che più andiamo avanti e meno si usa questo dono divino. Questo governo ha fatto tanto per la famiglia, ha fatto tanto per i poveri, ha fatto tanto per sostenere economicamente le coppie sposate e con figli, i quali gravano sui genitore di un peso piacevole ma pur sempre pesante. E cosa ci propina allora la cosiddetta società libera? La società fatta da alcune frange di quel... non lo dovrei dire ma esiste sempre... quel materialismo di colore rosso che osa oggi proporre in Parlamento unioni di fatto. Unioni di persone dello stesso sesso. Se un uomo e una donna vogliono unisci che si sposino! Se altre tipologie di unione l'uomo ha inventato, addirittura fra stesso sesso, esse sono fuori i dettami della Chiesa. Ma voi avete votato! Avete votato un governo che vi dà la certezza di essere sicuri che i nostri governanti sono là per lavorare sulle nostre certezze. Il referendum proposto in questi mesi non è come il referendum dell'aborto, no... Quello è stato il secolo scorso, e neppure come quello del divorzio: erano altri tempi. Oggi però solo in Dio vi è la certezza del Para... ma che hai da ridere?

MARSENNE: Padre Guido scusate ma avete del cioccolato che vi sporca la bocca.

PADRE GUIDO: E allora? Deve essere stato quando stamane ho fatto colazione col saccottino. E poi perché me lo dici ora? Mi facevi andar a dire messa in questo modo?

MARSENNE: Solo ora me ne sono accorto.

PADRE GUIDO: Santa Calla martire! Senti, vai fuori e vedi se c'è gente. Al limite, esci un attimo e porta qualcuno qui, così gli chiedo che succede. Va'! (esce) Chi lo sa. Secondo me sarà andato a fuoco un palazzo stamattina e tutti saranno lì a vedere i vigili che spengono le fiamme.

MARSENNE (entra con una donna): Padre Guido ho trovato la signora Rappa Bernarda.

PADRE GUIDO: Oh, Bernarda. Come mai non si a messa stamattina?

RAPPA BERNARDA: È che non mi andava di venire.

PADRE GUIDO: Ma tu lo sai che spesso le cose che non ci va di fare vanno fatte?

RAPPA BERNARDA: E lo so, che non lo so? Solo che non mi andava: è una bella giornata e mi andava di fare una passeggiata.

PADRE GUIDO: Ho capito, ho capito. Bene, comunque io tra un po' inizio la messa quindi le conviene sedersi.

RAPPA BERNARDA: Mica sono s cena, se mi siedo la mattinata passa senza far nulla.

PADRE GUIDO: Bernarda. Cosa dici?

RAPPA BERNARDA: E poi lo sa che le dico padre, che mi sono stufata di venire a messa e che non mi va più. Ma sì, aria! aria ci vuole! E levatevi queste vesti così pesanti, come faccio io (si toglie il maglioncino e le scarpe)

PADRE GUIDO: Ma che fa? È impazzita? Marsenne, accompagnala fuori (escono). Secondo me questa qui si ubriaca di prima mattina, meno male che non ha mai fatto così prima con la gente attorno. Ah, ecco Marsenne con due ragazzi. Salve ragazzi, vi va di assistere alla messa?

ALESSIO: Non ci penso neppure, io sono ateo.

PADRE GUIDO: Non è possibile! Dio esiste!

ALESSIO: Ah sì? E io dico di no!

PADRE GUIDO: E io dico di sì!

ALESSIO: E io dico di no!

MARSENNE: Padre Guido se esistesse un pochino pochino anziché esistere tutto?

PADRE GUIDO: Non ti ci mettere pure tu, Marsenne!

BERTA: Padrone, capitalista! Non si tratta così chi lavora (indicando Marsenne)!

MARSENNE: Io mica ci lavoro qui, do il mio contributo.

BERTA: Pure! Approfittatore dei deboli (rivolta verso Padre Guido)

PADRE GUIDO: Ragazzi! Figlioli! Perché stiamo urlando così tanto? In fondo siamo tutti figli di Dio.

ALESSIO: Dio non ha figli!

PADRE GUIDO: Dio ha figli!

BERTA: Se Dio ha figli era meglio che abortiva!

PADRE GUIDO: Ah! Che bestemmia (si mette le mani sul viso)! Fuori di qui (se ne vanno)! Dio mio perdonali, non sanno quello che dicono. Mi sembra di essere ritornato a quando c'erano i comunisti. Quelli almeno li riconoscevi.

MARSENNE: Padre Guido, tanto quello che hanno detto non è mica possibile.

PADRE GUIDO: In che senso?

MARSENNE: Nostro Signore ci ha fatto con l'argilla a partire da Adamo e dopo siam venuti tutti noi.

PADRE GUIDO: Bravo Marsenne, tu sì che hai capito.

MARSENNE (sottovoce): Però solo Adamo ha fatto, il resto siamo figli suoi.

PADRE GUIDO: Che dici ancora?

MARSENNE: Niente niente, ah ecco! Mi sembra di vedere una faccia conosciuta (va fuori e rientra con il giudice Armand).

PADRE GUIDO: Signor giudice!

GIUDICE ARMAND: Ma che maniere sono queste? La smetti di spingermi Marsenne?

MARSENNE: È padre Guido che me lo ha chiesto, signor giudice.

PADRE GUIDO: Non ci faccia caso, signor giudice ma mi dica. Come mai oggi ha saltato la messa?

GIUDICE ARMAND: Se proprio vuole che sia sincero: ebbene, mi sono stancato di avere una religione.

PADRE GUIDO: Cosa? Lei? Lei così devoto, così altruista...

GIUDICE ARMAND: E che! Bisogna essere devoti per essere altruisti? Onestamente, padre Guido, non voglio più appartenere ad alcuna religione, voglio essere libero. Libero di esprimere me stesso attraverso le mie decisioni e non quelle che un Dio promulga.

PADRE GUIDO; Ma...

GIUDICE ARMAND: Non mi interrompa padre Guido. Con questo non voglio dire che ho cambiato la mia personalità così attenta verso i problemi della gente. Il discorso si riassume soltanto che non c'è bisogno di pregare per fare del bene basta farlo e basta. Questo forse ci trasporta in una nuova dimensione sociale.

PADRE GUIDO: Signor giudice io sono attonito, non capisco. È da stamane che non si presenta nessuno alla mia messa, le poche persone che abbiamo incontrato hanno tutte la medesima scostante idea che un Dio non serva né serva pregare ed io non capisco.

GIUDICE ARMAND: Sono tante le cose che non si capiscono in questo mondo, caro mio ma certo è più pratico farsene una ragione che trovare false risposte. Ho notato che tutti i parrocchiani sono in giro per il quartiere, felici e allegri. Ho parlato con molti di loro. Nessuno più tornerà a pregare, credo.

MARSENNE: Pure le vecchiette?

GIUDICE ARMAND: Pure costoro. Ora vado, padre e dia retta a me: si tolga la tonaca e scenda in campo. Una buona giornata.

MARSENNE: L'accompagno giudice (escono).

PADRE GUIDO (inginocchiato verso il crocifisso): Oh mio buon signore. Dove ho peccato? Cosa ho fatto? Il mondo è cambiato, io non ne comprendo né il motivo né la logica. Che posso fare affinché tu mi perdoni? Forse è colpa mia, sicuramente è colpa mia. Forse sbaglio a prendermela così tanto con chi sbaglia, forse sbaglio ad avventarmi ogni domenica e d in ogni occasione contro solforo che non la pensano come me. Ti prego, ti scongiuro. Fa' che entri almeno una persona a sentire la messa oggi, fa' che ci sia una persona che voglia ascoltarmi. Io cambierò, te lo giuro. La prima persona che entrerà ad ascoltarmi ed io sarò suo servo, così come tu lo sei stato ai tuoi tempi. Io laverò i piedi a costui che entrerà per darmi la certezza che tu esisti e mi pensi. Te ne prego, te ne scongiuro!

MARSENNE (entra): Padre Guido! Con chi state parlando??

Sipario

NOTE

contenenti anche aforismi sulle *Storie metà fisiche*

---

[1] Sono sempre rimasto impaurito dal racconto di Poe riguardo *la sepolta viva*. Scritta nel 2011 sul volo Roma-Catania. Qui Claro gioca con dei trenini ma nella stesura lunga si trova a giocare a Monopoli.

[2] L'idea mi venne in seguito alla visione del *Dottor Mabuse* di Fritz Lang e data all'incirca luglio 2005. Aver visto il film di Lang mi ha fatto venire in mente una composizione di qualche anno addietro che riguardava un uomo che aveva una valigetta dalla quale estraeva ogni prova esistente su chiunque, una specie di angelo del giudizio dei giorni nostri.

[3] Scritta il 7 ottobre 2003 alle ore 23 e 23 in questo modo: "La polizia picchia violentemente Sauro nei cessi di Ostiense mentre era in atteggiamento intimo con 'Til Tuesday il quale fugge velocemente dileguandosi nei sotterranei. Lasciato a terra viene soccorso da un poliziotto che si era invaghito di lui, vedendolo entrare ai bagni. Sauro invece, coperto di sangue in faccia, lo confonde ancora per la polizia e gli dà un calcio in faccia ferendolo ad un occhio.". I cessi della stazione Ostiense hanno sempre fatto schifo come tutti i cessi delle stazioni ma non so se ultimamente siano migliorati.

[4] Scritta il 7 ottobre 2003 alle ore 23 e 07 in questo modo: "Malta, di ritorno dal mercato, incontra Zi' Gaetana che gli dice di aver visto Furio con un nuovo ragazzo. Tra i due si stabilisce una sorta di complotto per scoprire chi sia e i due vanno a casa di Furio proprio mentre questo se la stava facendo con Robu, sua nuova conquista. I due entrano prepotentemente a casa e Furio si incazza violentemente colpendo Zi' Gaetana che si accascia a terra cominciando a vomitare.". Robu compare anche in altre storie ed è stato un ragazzetto che ho realmente conosciuto simpatico e carino ma senza cervello.

[5] La composizione data 11 ottobre 2003 alle 22 e 54. Faceva così il sunto: "Dumi, incuriosito dalla chat line, si spaccia per un postino e conoscoe Yuri, al quale piacciono gli uomini in divisa. Durante il loro primo incontro Yuri gli confessa di avere le piattole e gliele attacca.".

[6] Questa è dedicata a Bubu, dopo la sua morte. Scritto il sunto il 21 ottobre 2003 alle 22 e 2 minuti. Recita così: "Petilia conosce Erika la sera in cui vomitò l'anima dopo essere stata a cena al

ristorante all'angolo con Trastevere, quello coi pesci morti nell'acquario. Mentre si stava massaggiando lo stomaco, Erika le dice di allontanarsi dal lato della via perché è suo territorio e Petilia inizia a declamare frasi prese dalla Divina Commedia, così come fa sempre quando è incazzata. Si crea un piccolo gruppetto intorno a loro di clienti e avvenenti lady col viso pittato ed Erika decide di farsi da parte. Bubu si avvicina a Petilia e, colpita dagli endecasillabi di Dante, inizia a lagrimare". Bubu, alias Laura, era una trans di via del Campo Boario a Roma, una via in cui ci fermavamo con la mia comitiva dell'epoca per darci appuntamento: si fermava sempre a parlare con me e aveva una voce cavernosa. La giudicavo molto intelligente anche se era di cultura media. Mi faceva una gran tenerezza. Erika, altra trans, assomigliava molto a Madonna e si era fatta rifare le labbra come lei.

[7] Scritta il 21 ottobre 2003 alle 21 e 56 in questo modo: "Mela e Rovigo decidono di fare sesso, dopo un po' che si frequentano. Qualche mese più tardi, la ragazza si accorge che le sue natiche sono ingrossate a dismisura. Portata in ospedale i medici le dicono che è incinta dentro ciascun gluteo, divenuti giganteschi e dai quali nascono due bimbi, Jenny e Denny, futuri dominatori del mondo.". Conobbi la barista di un locale che era enorme e mi chiesi in effetti avesse nelle chiappe dei bambini, tuttavia l'idea mi venne dalla nascita di Dioniso da una coscia di Zeus, illustrata magistralmente da una foto di Platt-Lynes.

[8] Il progetto data 11 ottobre 2003 alle ore 22 e 56. Inizialmente volevo parlare di un rapporto feticista tra uomo e donna ma poi invece scrissi: "Nel parco di Palombini Silide conosce Ste che lo invoglia ad essere sculacciato e a farsi leccare i piedi.". Pensare al rumore delle sculacciate nel silenzio assordante di un parco di notte mi ha fatto sempre ridere.

[9] La storia mi venne in mente una volta che sono andato nel locale K-men e la scrissi il giorno 11 ottobre 2003 alle 22 e 59 in questo modo: "Al Kappa Gildo incontra Forte che lo convince a recarsi da Maestro per una serata leather in tre. I due incateneranno Gildo torturandolo e ferendolo e, quando questo sviene per il dolore, lo portano via in tutta fretta e lo abbandonano nudo in casa.". Secondo me il fetish è bello come moda ma non come pratica.

[10] Inizialmente intitolata *Il congegno* ho appuntato il 4 gennaio 2004 alle 14 e 39 questo sunto: "Eugenio Grande, con l'ossessione di invecchiare, scopre una antica scatola cubica di legno al mercato di Porta Portese e, dopo averla acquistata e portata a nuovo, muove per caso alcune sporgenze di metallo che lo fanno precipitare in un luogo alle rive di un mare dove apparentemente

non accade nulla. Tornando indietro, sempre con l'ausilio del cubo, Eugenio scopre che per lui il tempo scorre normale mentre sulla Terra è più veloce. Approfittando di quel modo di viaggiare in un'altra dimensione, all'inizio ne approfitta per riposarsi e far sembrare che lui non può invecchiare ma, nel giro di alcuni mesi, non può fare a meno di notare che attorno a lui il tempo passa veloce e i suoi conoscenti invecchiano. Man mano che gli anni passano si ritrova isolato dal mondo e abbandonato da tutti, in gran parte ormai morti. Così, dall'illusione dell'apparente immortalità, getta nel fiume il congegno trovato e si cala anche lui nel rigido fluire del proprio cambiamento.". Effettivamente ho trovato una scatoletta a Porta Portese con una specie di oblò di vetro ma, inspiegabilmente, è scomparsa da casa mia (e io vivevo da solo a quell'epoca).

[11] Buttato giù il 17 gennaio 2004 alle 21 e 19 così: "Giudecco, detto Gambone, killer per la mala romana, capita a casa una sera e scopre la sua donna, Amerinda, a letto con Luana e tenta di ucciderla sparandole. Luana, imbracciata una mazza lo colpisce di sorpresa. Le due, credendo sia morto lo chiudono in un sacco e lo abbandonano in un fosso. Gambone, risvegliandosi, perde la memoria e vaga per la campagna attorno la città.". Questo personaggio si rifà ad un uomo che ho conosciuto per caso in un bar e discutemmo di morale e di economia. Mi era sembrato persino un tipo a posto ma venni a sapere che era un balordo del quartiere dal barista.

[12] Buttato giù l'11 ottobre 2003 alle 22 e 51: "Luc, avvicinato da Mirko, si innamora perdutamente. In sauna ne parla con Valfa ma scopre che Mirko è un investigatore privato e che forse lo sta avvicinando per qualche scopo e, d'accordo con la Puta, gli tendono un agguato.". Mai stato in una sauna se si eccettua quella volta che andammo a fare una tessera di abbonamento per un circuito di locali a Roma e, per farla, dovemmo entrare nella segreteria di una sauna al centro. Eravamo vestiti, al solito, di nero pesante e abbardati alla grande. Fu una sudata tale che mai più giurammo di entrare in una sauna. Contemporaneamente uno di noi disse che in passato un investigatore lo seguiva.

[13] Il sunto fu scritto il 21 ottobre 2003 alle 22 e 16: "Pikachu si becca i condilomi anali e va alla ricerca di chi potrebbe averglieli trasmessi. Si ricorda che Brett aveva sul glande delle formazioni simili a brufoli e lo ritiene responsabile di questo e lo cerca invano. Intanto i condilomi si ingrossano moltissimo. Una sera lo trova in un sex-club di Centocelle ma quando va da lui si accorge che i condilomi gli premono l'ano facendolo eccitare. Così decide di tenerseli e di concedersi comunque a Brett.". L'esperienza dei

condilomi è direttamente proporzionale alla capacità del medico di toglierteli.

[14] Ideato il 21 ottobre 2003 alle 21 e 17, avevo intenzione di scrivere della condizione di tutti coloro che vivono male la propia omosessualità perché incontrai un tizio che era impaurito anche dal semplice toccarsi reciproco. Quindi scrissi: "Dummo litiga con la madre Lena la quale sa dell'omosessualità del ragazzo e lo spaventa raccontando cose immonde. Egli a Valle Giulia conosce un tizio che, dopo esserselo fatto, gli fa notare che il suo corpo è coperto di sangue.".

[15] Inizialmente ideato con il titolo *Il raddrizzatore di cazzi* il 28 dicembre 2003 alle 17 e 06 davanti ad una tazza di the scrissi: "Stupe confessa ad Hannu che è alla continua ricerca di un uomo ideale e che al momento non riesce a trovare nessuno al caso suo. Hannu, stufo di queste continue confidenze al limite tra lamentele e compassioni, gli consiglia che forse farebbe bene ad andare alla ricerca di uomini con i cazzi storti per cercare di raddrizzarli. Stupe, come folgorato da questo consiglio, lo segue pedissequamente trovando così un leggero conforto interiore.". Da giovane pensavo che tutti i maschi avessero il membro uguale, poi mi sono ricreduto in palestra.

[16] Non so perché ma mi viene in mente sempre un mio amico ballerino, bellissimo e biondo, quando rileggo questo script composto il 1° dicembre 2004 alle 19 e 38: "Dira si innamora di Ferro che si veste da donna per fare spettacoli. I due fanno all'amore ma Dira gli dirà che lo vuole così e di non togliersi la parrucca.". Mi disse che sarei stato molto affascinante con le donne se mi fossi messo una parrucca. Io con la parrucca sembrerei la brutta copia di Totò al femminile.

[17] Buttato giù il 1° dicembre 2004 alle 19 e 39 quando veramente mi chiesi se avessi potuto comprare l'amore. Scrissi: "Gore assume una marchetta, Marr, per stare con lui fingendo di essere il suo innamorato e i due in questa finzione fanno sesso. Marr si innamora veramente e scoppia a piangere.". Quali le sorti dei tanti ragazzi a pagamento?

[18] Ho sempre avuto una predilezione per un personaggio di un mio libro chiamato 'Til Tuesday, al quale dedicai anche una serie di racconti a due mani con un certo Stefano Cinquina, di cui ho perso le tracce. I racconti invece ci sono ancora. Questo lo buttai giù il 7 ottobre 2003 alle 23 e 02: "Mentre pisciava nell'oscurità di un parco Vulto incontra Robu che pomicia con l'insetto. Tra quest'ultimo e Vulto nasce un'intesa e i due fanno in modo di scaricare Robu il quale ripiega andando a lamentarsi degli uomini con la Ceresa che passava da quelle parti."

[19] Buttato giù il 21 ottobre 2003 alle 22 e 12. Ginnasio è una figura per me fuori dal tempo e dal mondo, comunque esistente nel tempo e nel mondo: sicuramente a tutti sarà successo di incontrarne uno simile. "Ginnasio esce di casa come al solito ben vestito e profumato ma si accorge di essere in ritardo; mentre passeggia vede una donna per terra con un bambino morto. Fermatosi ad osservare la scena mette l'indice nel proprio occhio e toglie una lagrima. Poi se la pulisce sui pantaloni e passa via."

[20] Il 9 dicembre 2004 alle ore 19 e 30 finalmente mi chiesi se qualcosa si muoveva veramente a casa mia e scrissi: "Ucla, accortosi del silenzio di Luciana, la sente parlare di alcune bestie strane che si aggirano per la città e che sarebbero animali di un mondo parallelo che solo pochi possono osservare. Luciana è stata indotta alla pazzia da uomini che l'hanno illusa. Alla fine Ucla la lascia ma mentre va via vede scappare un'ombra nell'angolo della stanza. Luciana dice: *Guarda: hanno incatenato il mondo!*". Di frequente trovo cose spostate dal loro luogo di origine.

[21] Il 21 ottobre 2003 alle 21 e 52 mi venne in mente il tizio che spesso vedevo nella roulotte sulla salitella che costeggia Palombini, dal lato della Colombo. Una sera facemmo amicizia, io e gli amici dell'epoca, e ci offrì il caffè: la serata era estiva ma tirava un venticello sgradevole. Così scrissi. "Cartona ha una roulotte con cui gira la notte a Palombini e d'inverno offre il caffè agli astanti che rimorchia. Una sera litiga con il giovane Giannizzu al quale non piace né il caffè né Cartona ed anzi se ne va dandogli un pugno e macchiando il suo vestito bianco. Cartona così preso dall'ira, avvelena col purgante la caffettiera ed offre a tutti la fumante bevanda nera."

[22] Mi era capitato una volta un tale che diceva di essere sempre e solo attivo, che era un portento con le donne e che mai sarebbe andato con uomini. Una sera venni a sapere che lo avevano visto dietro una fratta con un altro, piuttosto bruttarello, che se lo faceva alla grande. Il 28 dicembre 2003 alle 22 e 45 buttai giù questa storia metà fisica intitolandola però *Mata Hari era attiva*: "In un attico del centro, Diana espone le sue interviste a Loffa per la sua tesi in sociologia, circa una certa Mata Hari, nota trans di Ostiense, fatte ad alcuni suoi clienti. Dalle analisi risulta che Mata Hari aveva un ruolo attivo nel fare sesso. Loffa, non credendo a tale ipotesi e convinta che le trans siano passive, chiede a Ste di andarci, con la scusa di aiutarle nella compilazione della tesi e pagando loro il contributo. Esse, convinte che Ste sia esclusivamente attivo come maschio, preparano tutto per la sera stessa. Ste contatta Mata Hari in auto e va con lei al ponte del mattatoio e si scopre passivo."

[23] Ispirato a scrivere questo pezzo dopo aver visto Sarah Kane anni fa in teatro, il 12 gennaio 2005 alle 9 e 20 di mattina. "Avendo coperto ogni specchio della sua casa, G. giace sul letto, con un panno coperto sul pube tutto insanguinato e parla con se stesso dell'atto di essersi evirato per sfuggire alla sua immagine e al fatto di incontrare un altro se stesso per essere posseduto carnalmente in sogno da se stesso. Continuamente qualcuno bussa alla porta. Alla fine lui dice di venire avanti e la porta si apre con un altro G. tutto nudo che si avvicina a lui... le luci si spengono.". Vidi lo spettacolo al Teatro Valle con il mio amico Antoine Auden.

[24] Mi ricordo molto del film *Il giudizio universale*, solo che ai musulmani non toccava essere giudicati. Messo giù 18 dicembre 2004 alle ore 20: "Musharra conferma a Maria che anche lui, come tutti i musulmani del mondo, ha fatto un sogno in cui Allah ha parlato. Arrivano anche due suoi amici e discutono della cosa. Alla fine lui si congeda da Maria e le dice che non la può amare perché cristiana. Maria risponde che ha fatto anche lei quella sera stessa lo stesso sogno in cui c'era Cristo."

[25] Il 28 dicembre 2003 alle 22 e 51 mi ricordai del mio amico americano Patrick, gran bella persona, che si fece frate francescano qualche anno fa. Scrissi questo breve script intitolandolo *La terra è migliore del paradiso*: "Pat è appena rientrato da Orlando dove era in ritiro spirituale pronto a farsi frate ma uscendo dall'Hotel Sheraton, sbaglia strada e si ritrova nel parco acconto, a Palombini. Nel buio viene aggredito da due loschi figuri che tentano di rapinarlo ma viene salvato da un certo Ludwwig. Pat, ringraziando Ludwwig per averlo salvato, si accorge che questi gli chiede come ringraziamento un rapporto orale e lui rifiuta. Ludwwig allora lo picchia, rapinandolo a sua volta. Pat, spaventato fugge di nuovo nell'Hotel dove raconta tutto alla polizia. In camera però rivede in una sorta di trance religioso il volto di Ludwwig al posto della faccia di San Giovanni e si convicne che quella era una prova direttamente datagli da Dio. Nelle sere seguenti torna al parco e conosce molti uomini ma quelle conoscenze gli fanno dimenticare i suoi voti. Una sera incontra di nuovo Ludwwig il quale, riconosciutolo, aggiunge la dose malmenandolo ben bene e lasciandolo a terra.". Ludwwig rappresenta veramente l'uomo malvagio in alcuni miei scritti.

[26] Inizialmente progettato come *La stanza di Marr*, il 28 dicembre 2003 alle 22 e 58 buttai giù quanto segue: "Una sera d'inverno, Marr invita a casa sua Luciana, conosciuto al Garbo la sera prima. Luciana si stupisce di trovare tanti giocattoli e peluche e dice che la sua stanza assomiglia alla sua, sebbene ci sia meno

tensione. Marr chiede come mai la stanza di Luciana sia piena di angoscia e paura e come i giocattoli possano spaventare. Luciana così inizia a raccontare storie su giocattoli animati e pericolosi che si muovono di notte e il suo racconto spaventa a tal punto il giovane che questi crede davvero che il pupazzo di Hamtaro si muova in quel momento e vada verso di lui. Marr inizia a piangere e Luciana lo abbraccia, baciandolo. Una volta fatto all'amore Luciana gli dirà che non dovrà temere più nulla dai giocattoli e se ne va, portandosene via uno: Hamtaro stesso.". Marr è una persona che conosco da più di dieci anni e che, sebbene sia invecchiato come me lo immagino avere ancora venticinque anni.

[27] Questa storia metà fisica mi è venuta in mente poiché incontrai una mia vecchia compagna di liceo lesbica che mi disse che aveva ammazzato un uomo. Ella rideva e, francamente, poco m'importò se fosse vero. Scrissi il sunto il 20 dicembre 2004 alle 11 e 39: "Rossa ha appena ucciso per errore un tizio, entrando dentro la sua casa per rubare. Scoperta dalla segretaria dell'uomo viene a scoprire che questi costruiva alberi per rifornire di ossigeno le foreste equatoriali. Alla fine Rossa si getta dalla finestra piangendo. La segretaria erediterà tutto."

[28] Questa è quella che considero la più idiota delle storie metà fisiche. Abbozzata il 20 giugno 2005 fa: "Buci parla con Cimbalino del loro amore ormai scomparso. Seduti su un sofà verde, alla fine Cimbalino scopre di essere affetto da sensi di colpa con tutti e che lui colleziona sensi di colpa anziché coltivare gli affetti positivi.". Io sono sempre affetto da sensi di colpa ma sto guarendo, spero.

[29] Scritta in un periodo in cui ero davvero furente con alcuni amici che mi avevano mollato e con i quali avevamo passato momenti bellissimi, il 7 ottobre 2003 alle 23 e 18, tanti anni dopo, misi giù: "Luciana viene abbandonata al momento del bisogno da Wanda e si rivolge a Gina ma, d'accordo con Wanda, le nega il suo aiuto. Lo stesso fa Marcella. I tre, sperando di togliersi di torno Luciana, non sospettano che invece cadranno nel tranello organizzato per vendetta e rimarranno senza soldi e casa."

[30] Questa è l'ultima delle storie metà fisiche. Scritta nel 2010 sull'aereo che mi portava verso Parigi in uno dei miei numerosissimi viaggi. A dire la verità la volevo ambientare proprio a Parigi però cambiai idea e scelsi, come al solito, l'anonimità di una qualsiasi città italiana. Mi piace pensare al paesino provinciale francese o magari della Val d'Aosta e comunque il prete doveva essere la macchietta di se stesso. Rappa Bernarda era il nome di una barista di Roma scritto sullo scontrino fiscale in un bar dove mi recai nel 1980 circa.

www.ingramcontent.com/pod-product-compliance
Lightning Source LLC
La Vergne TN
LVHW051640080426
835511LV00016B/2409